U0918625

Bean Voting

金豆豆，银豆豆，
豆豆不能随便投。
选好人，办好事，
投在好人碗里头。

豆选

牛铭实　米有录　著

中国人民大学出版社
·北京·

目录

绪　言

20 世纪 40 年代，中国共产党在解放区竖起了民主、自由的大旗，通过选举成功地动员了农民，将农村治理权从士绅、地主的掌控中转移到农民手中。这场争夺农村政权的政治运动为共产党在国内赢得了民心，在国际上更得到了很多同情和支持。为了动员不识字的农民参与选举，共产党使用了很多有创意的办法，其中最为人所传颂乐道的就是豆选。

豆选就是选举时用豆子当选票。它之所以能引起大家的好奇和关注，其主要原因在于这种方法让不识字的农民借用投豆来代替填写选票，以表达对候选人的看法。但它还有更深一层的意义。在 20 世纪 40 年代的边区，共产党要与当地既有势力争夺政权，为了使农民在投票时能够不碍于情面，或免于地主和地方士绅的威胁、利诱和报复，需要设计出一套投票程序，让农民在投票时能自由无虑地表达意愿，豆选在这样的环境中应运而生。

虽然豆选在中国选举史上是值得骄傲的发展和创新，但它却不是在其他文明或国家“闻所未闻”的。远自古希腊、近至 17 世纪英国和美洲殖民地，很多地区都有使用豆选的经验，它是不同文明不谋而合的创造，是人类文明的珍贵成果。

有别于“举手”或其他的“公开”表决方法，豆选是一种“秘密投票”（secret ballot）的方式。之所以称之为“秘密”，是因为这种表决方法的程序使外人很难判断选民到底将票投给了谁，这让政党或候选人很难用金钱或暴力来影响选民投票，选民才能自由地表达内心的意愿。没有秘密投票，金钱、暴力就会渗入选举，民意就会被有权有势的一方挟持。如此一来，就没有公平、公正的选举，也就没有了民主。因此，秘密投票是一种手段，其目的是保障人能自由地行使民主权利，它是一个民主制度运作最基本也是最重要的条件。

但在人类文明史上，“公开”的表决方法是常态，“秘密”的表决方法反而是特例。其实这也不难理解，在任何一个允许人民用投票来决定公共事务的社会，既得利益者绝对是不欢迎秘密投票的，因为这会使他们难以控制选举结果。为了保持他们的优势，很自然地，他们会想办法来操纵选举结果。如果这个解释有说服力，那秘密投票又是如何产生的？在什么样的政治条件下，秘密投票成为可能？

目前还没有专门的学术著作系统地介绍古今中外豆选的经验，也没有一本书解释为什么一个社会决定采用秘密投票。本书尝试解释这个有趣的政治现象，在这方面提出学术创见。在第一部分，我们依时间顺序，介绍西方国家几个有代表性的“秘密投票”方法、时代背景和产生原因。在第二部分，介绍中国共产党于20世纪三四十年代，在边区、解放区推行选举时的一种秘密投票的办法——“豆选”，并解释为什么共产党在当时那么大费周章地推行豆选。在第三部分，我们探讨“豆选”和秘密投票给中国政治改革的前景能提供什么样的启示。

第一部分 秘密投票在西方的发展历程

表决的方式有哪些？英文单词 vote，常被翻译为投票表决，但这个词源于拉丁字 suffragium，其字根 fragor 的原意是发出声音、呼喊[①]，最原始的表决方式可能是用欢呼声或嘘声的大小来决定结果。根据希腊史学家普鲁塔克（Plutarch）的记载，在斯巴达，当长老议会（Council of Elders, or *Gerousia*）出缺时，由公民议会选出一位递补者。候选人依抽签顺序一个接一个走进公民会议会场，群众用呼喊声大小来表示对候选人的支持程度。与此同时，在旁边一个房间里的评审员，是通过抽签挑出的一小群人，他们看不见会场上的情景，凭听觉在一个小板子上记录每一个候选人获得支持的程度，最后根据这群评审员的评判，来决定哪位候选人当选。[②] 然而，当竞争很激烈无法用呼喊声音大小判断时，就需要采用其他表决方式来决定胜负。举手表决是一种常见的替代方式。以雅典的公民议会为例，在公元前 5 世纪，举

① E. S. Staveley, *Greek and Roman Voting and Elections*, Ithaca: Cornell University Press, 1972, p. 157.

② Ibid., p. 7.

手是最常用的表决方式。[①] 在罗马共和国时期（公元前 527—509 年），除了举手表决，地方的平民会议有时采用口头表述法（oral vote），与会者一个接一个到计票员前，告诉计票员他支持还是反对某个议案或者某一位候选人，计票员在一片涂上蜡的板子上记录投票人的选择。[②] 罗马人的另一种比较有特色的表决办法是“分边站”。比如，罗马参议院表决时，支持某项法案的参议员站到议场讲台的一边，反对的站到另一边。[③]

前述几种表决方法，使每一个人参与表决时都能公开地表达自己的意向和决定。但在有些情况下，公开表达意向也许会招致他人的威胁、利诱或报复。因此，在技术上需要设计出一种表决方法，让投票人能进行秘密投票，自由无虑地表达意愿。

用呼声大小、举手、口头表述或分边站等公开表决的方式，会暴露选民的意向，因此，有人想出来用选票（ballot）为媒介，在别人看不到的情况下，将选票投进一个篮子或箱子中，以便自由地表达个人的意向。现在的选票都是用纸印的，但最早的选票可能是小石块或豆子，因为英文单词 ballot（选票）的原意就是小球（ball）。所以，从定义上说，表决（vote）方式可以是公开或秘密的，而投票表决的目的是不公开投票人的意向。也就是说，投票的真实含义就是为了达到秘密投票的目的。

---

① E. S. Staveley, *Greek and Roman Voting and Elections*, Ithaca: Cornell University Press, 1972, p. 88.

② Ibid., p. 158.

③ Arthur M. Wolfson, “The Ballot and Other Forms of Voting in the Italian Communes,” *The American Historical Review*, Vol. 5, No. 1, 1899.

关于公开或是秘密投票方面的研究有很多。有学者从哲学的视角讨论这个问题，例如，密尔（John Stuart Mill）认为行使公开投票是一种自尊的表现，秘密投票是一种伪善，秘密投票让人不顾公益而只顾私利，如果是公开投票，羞耻心会驱使人们转而支持那位代表公益而非私利的候选人。[①] 卢梭认为一个风尚简单、崇尚正直的社会适用公开投票，但在民风腐化到可能出现贿选的时候，还是比较适合采用秘密投票。[②] 有学者从反映民意的角度，认为“呼喊”的方式比较能表达选民对事物喜好的强弱，比只有支持或反对两种选项的投票好。[③] 也有很多讨论认为在民主代议士的体制下，选民选代议士时需要采用秘密投票，但代议士在国会里，无论是表决议案或是行使人事任命的同意权，都需要采用秘密表决，这是对选民负责的做法。[④]

---

① John Stuart Mill, *Considerations on Representative Government*, London: Parker, Son and Bourn, 1861.

② 参见［法］卢梭：《社会契约论》，北京，商务印书馆，2003。该书第四卷第四章提到：“至于计算票数的方法，在早期罗马人中间就像他们的风尚一样地简单，虽说还不如斯巴达那么简单。每个人都高声唱出自己的一票，由一个记录员依次把它们记下来；每个部族中的多数票便决定了本部族表决的结果，各部族间的多数票就决定了人民表决的结果；库里亚和百人团也是这样。唯有正直在公民中间占有统治地位，人人都耻于公开地投票赞成一种不公正的意见或一个不体面的臣民的时候，这种办法才是好的；但是当人民腐化而可以进行贿选的时候，那就适宜于采用秘密的投票方法了，为的是可以用不信任来制止贿选者，并且也可以给那些流氓无赖们提供一种不至于沦为卖国贼的办法。”

③ Melissa Schwartzberg, “Shouts, Murmurs and Votes: Acclamation and Aggregation in Ancient Greece,” *Journal of Political Philosophy*, 18 (4): 448-468, 2010.

④ 国内有学者将这种区分称为“对事记名、对人不记名”。参见毕竞悦：《投票的匿名与实名》，载《今日中国论坛》，2008 (5)。

本书关心的焦点和前述的讨论不同。本书不辩论公开或秘密投票的优劣，不讨论在什么情况下哪种方式比较适当，而是从实践政治的角度，探讨政治上弱势的一方如何迫使强势的一方接受秘密投票。在任何一个社会，既得利益者是不欢迎秘密投票的，它让外人难以判断选民到底将票投给了谁，让有钱有势的人比较难影响投票人的意向，使他们不好控制选举结果。因此，弱势的一方是欢迎秘密投票的，这样他们才能自由地表达意愿。既然如此，那么在什么条件下秘密投票能突破金钱和暴力的封锁应运而生？为什么统治阶级允许秘密投票？它背后的政治博弈是什么？在政治学领域，目前对这个问题的研究不是很多，没有系统的解释，对于这些有趣的学术问题，我们试着提出一些解释。

要系统地了解秘密投票背后的政治博弈，我们需要从古今中外的历史中，发掘有哪些社会在哪个时代使用过秘密投票，探讨当时的时代背景，了解为什么当权派无法继续用金钱、暴力操纵选举。

第一章　古希腊和古罗马共和国时期的秘密投票

古希腊时期

雅典很可能是古文明中最早使用豆子、瓦片或石块来当选票的。公元前 5 世纪，雅典公民每年有一次机会在公民大会（The Athenian Assembly）上决定是不是要在执政的政治人物中挑一个将之放逐。如果雅典的公民觉得某位政治人物有越来越独裁的趋势，或两派政治人物斗得太凶时，就会用投票的方式，决定是否要放逐某位政治人物。但“放逐”并不是对一种罪行的惩罚，只是雅典公民维护政治和谐的一种方法。所有雅典公民都可以参加表决。为了让雅典公民能自由地表达意见，在投票前不受到威胁、利诱，投票后不会被打击、报复，表决不用举手或叫喊的方式，而是用秘密投票来决定。选票用的是瓦片或小石块。投票人在瓦片上刻写他想放逐者的名字，将瓦片投到一个坛子里，得票最高的那个人，必须在10天内离去，10年后才能回来（后来改为5年），提早回来的处罚是死刑。

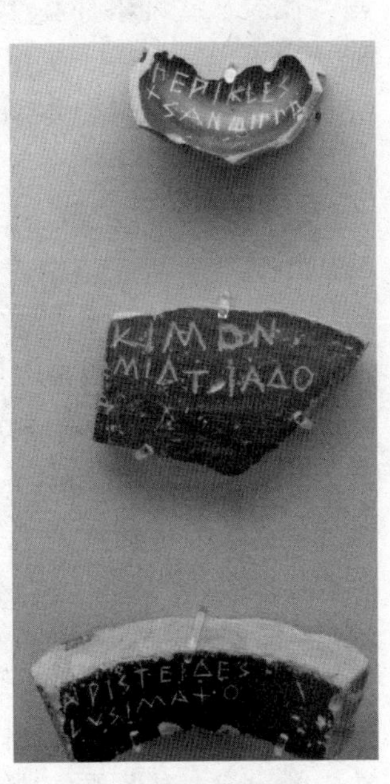

雅典人用瓦片投票

旁边这张图片中，是三个破瓦片，上面刻有人名，从上到下分别是伯里克利（Pericles，公元前495—429年）、斯蒙（Cimon，510—450年）、阿里斯提德（Aristides，公元前530—468年）三位雅典的政治和军事领导人。其中，斯蒙和阿里斯提德都被放逐过。阿里斯提德曾在公元前489—488年间，担任雅典的执政官（Archon）。几年后，由于和政敌地米斯托克利（Themistocles，公元前524—459年）政见不同，他被放逐。阿里斯提德主张以发展陆军为重，地米斯托克利觉得要发展海军为重。斯蒙是公元前5世纪雅典的军事和政治领导人之一，主要代表贵族这一方，和伯里克利的平民派相抗衡。在公元前461年，斯蒙因为前一年在一次军事任务中失利，被平民派指控为背叛雅典、与斯巴达为友，被放逐。伯里克利在公元前 461 年成为雅典的领袖，一直到他公元前 429 年病逝，修昔底德（Thucydides）称其为雅典第一公民。虽然也有人投票给他，希望他被放逐，但伯里克利从没有被放逐过。

除了公民大会外，雅典还有一个 500 人的公民代表团（The Athenian Council），依各部落的人数决定代表席次多寡，代表从各部落抽签产生。如果有某位代表行为不当，其他代表可以用投票来决定是不是要将他开除。为了使部落之间不会因投票结果产生间隙，各部落代表投票时，在瓦片上写“同意”或“不同意”。“同意”的瓦片投到放在前面的坛子里，“不同意”的放在后面的那一个。两个坛子之所以要前后而不是左右放置，是让排在后面投票的人不容易看出前面的投票人将瓦片投进了哪个坛子。①

雅典公民参加最多的是在人民法庭（The Athenian Courts）上的投票。人民法庭除了节庆日和公民大会期间，几乎每天都开庭。每庭的人民法官，需年满 30 岁，从 200 人到 1 500 人不等。根据亚里士多德的记载，有时 10 个庭同时开。人民法庭的表决一律用秘密投票的方式。不同时期用的选票不同，有的用贝壳、豆子、小石块或金属做的小圆片，来表示被告是否有罪。穿孔的小圆片或石块代表有罪，没有穿孔的代表无罪。另外，黑豆代表有罪，白豆代表无罪。根据亚里士多德在雅典宪法中的记载，在他那个时代，选票是青铜打造的圆片，圆片中

---

① 讨论雅典人放逐政治人物的传统和决策过程的学术文献很多，维基百科也有很好的介绍。本节主要是参考 E. S. Staveley，*Greek and Roman Voting and Elections*，Ithaca：Cornell University Press，1972。

心插有一支圆轴。圆轴有两种，一种是实心的代表无罪，一种是空心的代表有罪。开始投票时，法庭上有四个临时抽签选出的工作人员，发给每名法官一个空心、一个实心的选票，然后大家依序到法庭前面投票。票箱是由青铜打造的，上面的孔只够让选票进去，手是伸不进去的。如果投票人觉得被告有罪，就投进空心的选票；如果觉得其无罪，就投进实心的。另外还有一个木制的箱子，投票人将剩下的那张选票弃置于内。投票时，每个人必须用手指掐住圆片中心圆轴的两端，让别人看不到自己投进的是实心还是空心的选票。①

用青铜打造的选票，中心的圆轴是空心的代表有罪、实心的为无罪。投票时用两指掐住圆轴的两端，让旁人看不出投的是有罪还是无罪的票

从一个公元前5世纪初的陶制花瓶上的图案来看，古希腊人有时也用树叶当选票。由于版权的原因，我们无法将这张照片放在书内，但你可以在相关的网站找到。② 在这个花瓶上的图案中间，站着希腊神话中集智慧、技艺、战争等于一

① E. S. Staveley, *Greek and Roman Voting and Election*, Ithaca: Cornell University Press, 1972, pp. 95-98.

② http: //old. perseus. tufts. edu/cgi-bin/image? lookup=1990. 18. 0377.

身的雅典守护女神雅典娜。她手上拿着一个用来盛酒的容器，她的头望着旁边一个举起右手向她致意的老人。她的右边站着一个战士，一手拿着他的头盔，盾牌靠在身边，另一手掐着一片树叶的叶梗，看似正要投进酒瓶中。左边也有位战士，手上也掐着一片叶子的梗，准备朝酒瓶中投去。根据学者的考证，他们可能是在投票[①]，而且是在表决一件很重要的事。

根据希腊神话，公元前 12 世纪末特洛伊王子帕里斯（Paris）与斯巴达国王梅内劳斯（Menelaos）的妻子海伦一见钟情，他们之间的爱情使斯巴达国王受到了羞辱，发动了特洛伊战争（Trojan War），很多古希腊神话中的英雄人物都参与了这场战争。根据荷马史诗《伊利亚特》（*Iliad*）的描述，在这场战争中，当古希腊最神勇的武士阿基利斯（Achilles）被帕里斯杀害后，他的朋友艾杰克斯（Ajax）英勇地保护着他的尸体不被敌人夺走，再由奥德修斯（Odysseus）将他的尸体放在马车上载离战场。当他们安葬阿基利斯之后，由于阿基利斯的武器有特异功能，艾杰克斯和奥德修斯都想得到它，他们都觉得自己的功劳比较大。由于双方僵持不下，所以大家决定双方先发表演说，争取支持，再用投票来决定那武器属于谁。结果奥德修斯得票较多，得到了阿基利斯的武器。艾杰克斯非常失望，他觉得斯巴达国王梅内劳斯偏袒奥德修斯，在叶子选票上动了手脚。[②] 悲愤

---

① 参见 Gloria F. Pinney and Richard Hamilton，"Secret Ballot," *American Journal of Archaeology*，1982。另外，H. A. Shapiro 也认为图中的战士是在投票，参见 H. Alan Shapiro. "The 'Judgement of Arms' on an Amphora in Kansas City"，*babesch*，Vol. 56：1981，pp. 149-150。

② Gloria F. Pinney and Richard Hamilton，"Secret Ballot," *American Journal of Archaeology*，1982，p. 583.

交加之下，艾杰克斯竟然自杀身亡。[①]

这个公元前5世纪初陶制花瓶上描述的故事，很可能反映了当时的人是如何解读公元前12世纪时发生的历史事件。因为公元前5世纪时，古希腊有不少用树叶当选票的证据。[②]那么，什么时候用小石头或豆子，什么时候又用叶子当选票呢？有一种说法是如果投票时只有“赞成”或“反对”两个选项，比如说是否要驱逐某个政客或是否要通过某个法案，用小石头或豆子比较适合。如果选项超过两个，就需要选民在树叶上写上候选人的名字，得票多的当选。比如古希腊地方执政官，最早是由贵族投票产生，每十年一选；或者有些神职，职位不止一个。在这种情况下，投票时选举人在一片叶子上写一个人名，得票多的当选。[③]

古罗马共和国时期

与古希腊相辉映的是古罗马文明，两个文明间有密切的交流。古罗马可分为三个时期，第一期公元前753—509年是君主制，第二期公元前508—27年是共和制，这是罗马最辉煌的黄金阶段；第三期公元前27年至公元476年是帝国制。[④]在共和国时期，原先使用的是公开的表决方式，如举手、口头表述、分边站等方法。尽管史料中有关对选民公开威胁的记载不多见，但是公开的表决方式肯定会妨碍选民选择的自由。选民的上司、长官，或地主都可能会影响他的投票选择。尤其是在军事化的罗马，如果他是军人，更不可能

---

① http://en.wikipedia.org/wiki/Ajax_%28mythology%29.

②③ Gloria F. Pinney and Richard Hamilton, “Secret Ballot,” *American Journal of Archaeology*, 1982。

④ http://www.historyoflaw.info/history-of-civil-law-in-rome.html.

不受到军队长官的影响。[1]

到了公元前2世纪下半期，罗马颁布了一系列的投票法（见下表），改为采用票选的方式进行表决，让选民可以行使秘密投票权。多数学者认为这是一种激进的政治改革，它减弱了上层阶级对选举的控制，增强了选民的自由选择能力。[2]新的表决方法对罗马的政局有什么影响？对平民阶级有什么具体的好处？为什么在公开表决下，这些法案还能通过？为什么当权的贵族阶级不想办法阻止这些法案通过？由于史料的匮乏，至今学者们还无法完整地回答这个问题，但依据罗马共和国在公元前2、3世纪时的政治、经济、军事情况，我们提出一个解释。

罗马共和国投票法

1. Lex Gabinia，公元前139年由护民官Gabinius提案，选举地方官员时用秘密投票。

2. Lex Cassia，公元前137年由护民官L. Cassius Longus提案，部落大会投票时用秘密投票，但不适用于叛国通敌罪的审判。

3. Lex Papiria，公元前131年由护民官C. Papirius Carbo提案，制定和废止投票办法时用秘密投票。

4. Lex Caelia，公元前107年由护民官C. Caelius Caldus提案，审判叛国罪时，也用秘密投票。[3]

①② Alexander Yakobson, "Secret Ballot and its Effects in the Late Roman Republic," *Hermes*, Vol. 123, No. 4, 1995.

③ William Smith and Francis Warre Cornish, *A Concise Dictionary of Greek and Roman Antiquities*, London: John Murray, 1898, p. 608.

在公元前2、3世纪时，罗马共和国处于一个战事不断的时代。公元前264—146年之间，罗马和迦太基（Carthage）打了三场大战，史称布匿战争（the Punic Wars）。之后，又攻打马其顿（Macedonia）王国，公元前215—148年之间打了四场大战。虽然罗马最后都战胜了，但战争频仍引发出几个问题。第一，由于战事的需要，罗马不断征兵。但由于战争多、出生率下降，导致兵源缺乏，所以罗马必须降低对公民财产权的标准以扩大兵源。[①] 第二，士兵长期在外打仗，家里的庄稼缺乏照顾，经济损失不小，所以厌倦战争。第三，很多贵族死于战争，但新征服的地区需要大批的官员，所以只好从非贵族里提拔一些人。[②]

在这样的背景下，公元前154年，罗马又进军西班牙。很多平民为了逃避兵役，求助于护民官（tribunes），造成护民官和参议院的冲突。[③] 参议院拒绝让步，结果护民官居然将参议员都逮捕。[④] 因此，有学者认为，公元前139年通过的秘密投票法，是护民官对抗和制衡参议院权力的手段。

---

① Lily Ross Taylor, "Forerunners of the Gracchi," *The Journal of Roman Studies*, Vol. 52, 1962.

② Callie Williamson, *The Laws of the Roman People: Public Law in the Expansion and Decline of the Roman Republic*, Ann Arbor: University of Michigan Press, 2005, p. 286.

③ 护民官自公元前287年霍滕西亚法（lex Hortensia）通过后，权力变大。由护民官提案，经平民大会通过的方案，不论贵族或平民，都需要遵守。请参考A. W. Lintott, *The Constitution of the Roman Republic*, Oxford University Press, 1999, p. 122。

④ Lily Ross Taylor, "Forerunners of the Gracchi," *The Journal of Roman Studies* Vol. 52, 1962.

除了来自平民的压力外，新兴的地方或中层官员也有他们的利益考量。这些政坛新人（homo novus）不是贵族出身，但他们都有资格角逐执政官的职位。如果公开投票，贵族能用他们的财富买选票，使这些新人很难当选，所以这些新人为了能有机会当选执政官，提议采用秘密投票法。公元前 139 年通过的秘密投票法案的提案人是护民官 A. Gabinius，他就是平民出身。①

另外，我们对于当时秘密投票的操作技术，也有如下了解。

罗马人用涂有蜡的小木片当选票，选票由政府发放。如果是选举官员，投票人就在政府发的空白选票上写上理想候选人名字的缩写。如果是法院的表决，选票上刻有“开释”和“判罪”两项选择。如果是立法机关的投票，选票上刻有“赞成”法案通过或“反对”法案通过两个选项。投票人在投票时，将其中一个选项抹平。

悉尼麦加里大学澳大利亚古币研究中心，珍藏了几枚有关罗马投票的古币。从其中一枚古币上，我们可以推断他们是如何进行秘密投票的。

这枚古币大约是公元前 113 年发行的，发行人为 P. Licinius Nerva。正面是罗马女神的半身像，背面是投票的场面。② 背面显示左边那人一只脚刚刚走上像是木桥的走道，右边那人已经过了走道，正要把票投到坛子里。那个坛子就

---

① Ursula Hall, “Greeks and Romans and the Secret Ballot,” in *Owls to Athens*: *Essays on Classical Subjects Presented to Sir Kenneth Dover*, edited by E. M. Craik and K. J. Dover, New York: Clarendon Press, 1990, p. 196.

② http: //www. humanities. mq. edu. au/acans/coins _ students. htm.

是票箱。值得注意的是通往票箱的走道窄得只能过一个人，当前面的投票人投票时，在走道下面的工作人员将选票交给等在后面的那一个投票人。这样的安排，是让后面的投票人没有时间和机会看到前面投票人的选择，达到秘密投票的目的。①

这枚古币可能是当时为了庆祝秘密投票而发行的纪念币。因为在公元前119年，在一名罗马护民官马里尔斯（Marius）的推动下，通过了一项法令，保护秘密投票。具体的方法正如古币上的画面所显示的，将投票者走向票箱的那条木板变窄，只让一个人站在票箱前投票，以避免他人对投票者不必要的干扰。它的目的是要排除贵族对选民的影响，这个法案当时曾受到元老院反对。马里尔斯威胁说要把带头反对的人抓起来，才得以通过。②

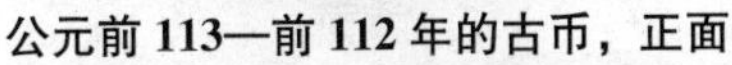

公元前113—前112年的古币，正面　　　　背面

此外，还有两枚和投票相关的古币。下面的这一枚大约是公元前126年发行的。正面是戴头盔的罗马女神的头像，头的后面是一个小投票缸（voting urn）。背面是自由女神站

① E. S. Staveley, *Greek and Roman Voting and Election*, Ithaca: Cornell University Press, 1972, pp. 158-162.

② Alexander Yakobson, "Secret Ballot and its Effects in the Late Roman Republic," *Hermes*, Vol. 123, No. 4, 1995.

在一辆由四匹马拉的车上，右手拿着一顶被解放了的自由人的帽子。①

公元前 126 年的古币，正面 **背面**

还有一枚大约是公元前 63 年左右发行的古币。正面是戴面纱的女神头像，背面是一个罗马人正要把票投进坛子。选票上面的 V 表示“是”。这是立法会议上用秘密投票的办法进行表决。②

公元前 63 年的古币，正面 **背面**

第二章 秘密投票重现于中世纪

古希腊和古罗马发展出的秘密投票原则和操作方法，随着希腊被罗马征服以及罗马帝国走向独裁，从历史中完全销

---

①② http：//www. humanities. mq. edu. au/acans/coins _ students. htm.

声匿迹。历史学家不确定这些选举办法何时才又重现，只知道在13世纪初意大利北方的地方社区中出现了这些选举办法。[①]

意大利

自公元8世纪末起，意大利北部被日耳曼国王统治，但到了11世纪初，日耳曼国王的统治已名存实亡。1024年，意大利北边的帕维亚市（Pavia，Italy）的居民烧了当地的王宫，象征日耳曼国王的统治正式结束，取而代之的是意大利北部独特的城邦政治。[②] 当时，这些城邦的统治阶级由主教和一些世袭的伯爵、子爵，还有一批保护他们的武士构成。为了赢取这批武士的忠心，也允许他们拥有封地，因此，这批武士也变成了贵族。为了便于和原来的传统贵族区分，我们将这批由武士转为贵族的称为“新贵族”。

11—12世纪时，地中海地区的贸易非常发达，意大利北部的城邦变得富有，人口不断增加，有一技之长的工匠技师也越来越多，中产阶级兴起，豪门大户也多了，这是当时的经济、社会背景。很自然的，为了竞争经济资源，新兴的资产阶级和统治阶级产生了冲突，原来支持主教或世袭统治者的新贵族，转而与新兴的资产阶级形成联盟，在商会的基础上，成立自治组织（communes）。比萨（Pisa）和卢卡（Lucca）两地成立的最早，1080年左右，

---

① Arthur M. Wolfson, “The Ballot and Other Forms of Voting in the Italian Communes,” *The American Historical Review*, Vol. 5, No. 1, 1899.

② 意大利南部当时是由诺曼（Normans）民族统治，他们严厉禁止南部地区的城邦有自治权。

佛罗伦萨（Florence）在 1138 年成立了自治体[1]，到 1143 年，从罗马到阿尔卑斯山的所有主要城市都建立了自治体。[2]

同时，在知识界，学者又开始研究古希腊、古罗马时期的史、哲、文及各种典章制度，希望从中找到善治、良治之法。在这种历史环境下，意大利的地方治理翻开了新的一页。

在初期，这些自治体由会员大会（general assembly）来管理，到了 12 世纪，改由议会（great council）来治理。议员原来可能是由自治体的成员选出，但后来这些议员都有办法直接或间接地指定他们的继承者，议会渐渐地被几个关系密切的大家族控制，他们变成了新的统治阶级。[3]

由于经济发达，很多行业成立了行会（guild），将社会上的中产阶级和中上阶层的力量汇集起来，向新的统治阶级争取权益。其中，令他们最不满的是不合理的征税和高利贷。比如在米兰（Milan），代表统治阶级的大家族放贷的利率太高，让代表行会的中上阶级、中产阶级觉得被剥夺。另外，政府还规定自治体的会员要缴财产税，但大家

---

① 意大利北部的这一段历史可以参考 Lauro Martines，*Power and Imagination：City-states in Renaissance Italy*，New York：Knopf，1979，pp. 9-20；Philip James Johns，*The Italian City-state：from Commune to Signoria*，Oxford & New York：Oxford University Press，1997。

② Raymond E Role，"The War Games of Central Italy，" *History Today*，Vol. 49，No. 6，1999.

③ John Kenneth Hyde，*Society and Politics in Medieval Italy：the Evolution of Civil Life*，1000-1350，London：Macmillan，1973，p. 43.

族却可以免缴。[1] 不合理的征税和高利贷，在别的城市也存在。

由于议会被大家族控制，新兴的中产阶级成员无法通过议会立法来改变不合理的征税，在这种情况下，他们决定采用武力来对抗贵族。例如，在博洛尼亚（Bologna)，行会的代表要求议会广开众听，让行会也有代表权。但这个请求被议会拒绝，之后，行会决定采取暴力手段。[2] 其他的都市情况差不多。在米兰，双方斗了十几年，内战不断。[3] 终于在1212年米兰的贵族同意让步，一半的议会席次从平民中选出，另一半从贵族中选出。在克雷莫纳（Cremona），到1210年时，平民可以当选 1/3 的职位。在维罗纳（Verona），1227年之前只有贵族可以选议员，之后，平民也可以选。在热那亚（Genoa），中下阶层和小商人也能选议员参加议会。总的来说，这场平民和贵族间的权力斗争，让平民阶级有了参政权。

除了部分议会席次开放给平民代表，平民和贵族斗争的另一胜利果实是争取到秘密投票权。13 世纪之前的意大利，群众集体表达意见的机会很少。如果有这样的机会，也只是用欢呼声或嘘声来表达他们的看法。到了 13 世纪，

---

① Brian S. Pullan, *A History of Early Renaissance Italy*, London: Allen Lane, 1973, pp. 117-125.

② Giovanni Tabacco, *The Struggle for Power in Medieval Italy*, New York: Cambridge, 1989, p. 227.

③ Lauro Martines, *Power and Imagination: City-states in Renaissance Italy*, New York: Knopf, 1979, pp. 9-20; Philip James Johns, *The Italian City-state: from Commune to Signoria*, Oxford & New York: Oxford University Press, 1997, p. 47.

很多地方议会对这种方式表示不满，有几个地区甚至立法禁止使用这种方法，取而代之的是选边站或起立这两种办法。选边站在前面已有介绍。起立是选边站的一种改良，在当时很常用。当某个议案付诸表决时，议长要赞成的一方先站起来，接着要反对的一方站起来，人数多的一方胜。有些地区，只要反对的一方站起来，赞成的不需要站。这种方法明显偏袒赞成的一方，因为弃权的也算是赞成那一方。

无论是选边站或起立，都让贵族有机会用他们控制的军事或经济资源来威胁或利诱刚取得参政机会、代表平民的议员。因此，平民阶级在这场政治斗争中，不只要求在议会中有代表权，还要求有秘密投票权，以保障他们议事的自由。[①] 比如，1264 年维琴察（Vicenza）的议会规定，所有议案必须用投票的方式来表决。“投票时，议会代表必须每次一人到票箱前投票，小心地将选票放入票箱，不可让别人看到选票的内容。”[②] 在玻世基（Bowski），市议会的投票原来允许公开投票或秘密投票，但到了 1298 年，规定必须使用秘密投票。[③] 大部分地区的选票是白豆和黑豆，在佛罗伦萨用的是小铅粒。

从这些规定可以明显地看出，当时已相当注重秘密投票。人在投票时不希望受到外力的威胁利诱，这种基本愿望是普遍和一致的，这也是为什么到 13 世纪末，几乎所有意大利北

①② Arthur M. Wolfson, “The Ballot and Other Forms of Voting in the Italian Communes,” *The American Historical Review*, Vol. 5, No. 1, 1899.

③ Wiliam Bowsky, *A Medieval Italian Commune*: *Siena under the Nine*, 1287-1355 Berkeley: University of California Press, 1981, p. 93.

部社区都已采用秘密投票。[①]

14 世纪，随着意大利文艺复兴运动的兴起，意大利的地方自治和表决方法也开始传播到欧洲其他国家。然而在欧洲大陆，到了 17 世纪，法国在路易十四（1638—1715）的领导下成了欧洲第一强权，对内采用中央集权统治，摧毁了传统的地方自治基础，对外对其他国家形成严重的武力威胁。这些国家的领袖，为了对抗法国强权，也仿效法国的中央集权制，进行富国强兵的政治改革。唯独英国没有转向中央集权制，使地方自治和秘密投票留有一片存活的空间。

英国

英国到了 1872 年才通过选举法，明确规定要遵守秘密投票的原则。这使很多人以为英国在这之前没有秘密投票，然而事实并非如此。根据查尔斯·格罗斯（Charles Gross）的研究，英国早在那之前就已经开始用选票进行秘密投票了。根据伦敦市议会的资料，市议会在 1526 年规定，选举市议员时应该投票表决，票箱是新的镀金的箱子，上面写着 Yea（是）、Nay（否），由管理人员搬进会场。另外，1532 年规定市议员表决重要议案时，必须将投票箱搬进议会，议员以投白豆或黑豆来决定议案是否通过。1642 年时立法规定，今后关于一些有争议的特殊事件，议会都必须用投票来表达意见和做出决议。[②]

---

① Arthur M. Wolfson, "The Ballot and Other Forms of Voting in the Italian Communes," *The American Historical Review*, Vol. 5, No. 1, 1899.

② 本节关于英国的豆选和秘密投票的史料主要参考 Charles Gross, "Early History of the Ballot in England," *The American Historical Review*, Vol. 3, No. 3, 1898。

除了伦敦市，还有其他地区采用秘密投票。

1577 年，利明顿市（Lymington）通过法令，规定今后该市选市长和国会议员时都要用豆选的方式，以避免因选举造成人与人之间的敌意。那次市长选举有三位候选人，选务人员发给每位投票人三颗不同颜色的豆子，代表三位候选人。投票时，投票人将代表他理想候选人的那颗豆子投进票箱，将另外两颗豆子放进一个袋子。

1607 年，为了平息议员之间的敌意和争端，詹姆斯一世为庞蒂弗拉克特（Pontefract）颁布了一个新的市长选举办法。每位议员在一张纸上写下他中意的候选人的名字，然后将纸条投进一个箱子或袋子里。市政府秘书宣布选举结果后，这些纸条当众销毁，以便使这些手迹不可能被事后查看而引起纠纷。这种投票办法 1835 年仍在当地使用，而且昆伯勒（Queenborough）也在用。

后来英国国王查理一世感觉到秘密投票给他造成了很多不便，使他很难控制地方选举，让他很不自在，所以他在 1637 年 9 月 17 日下令，今后地方政府不准再使用票箱进行秘密投票。

查理一世 1649 年被处决，因此有些地方选举恢复使用秘密投票。1656 年温切斯特市（Winchester）规定，由于用公开和记名的投票办法选举市长、法官和其他官员常常引起公民的喧嚣与不和，为了避免这种事，使公民在投票和选举时享有比以往更大的自由，保持人们之间的友爱和团结，今后市议会将提供 100 个投票用的小球（bullets），红色和白色各 50 个，保存在特制的票箱里。投票时，市长说明这次投票的目的，然后每个选民按他的良心投下支持票或反对票。如果计票时双方票数相同，就由市长再投一票。另一个例子是在1689年，巴恩斯特珀尔市（Barnstaple）的市长选举时，选务人员准备了两个大坛子，上面分别写着候选人的名字，发给每个投票人一个小球。投票时，投票人必须两手握紧，分别伸进两个坛口，同时伸开手掌，将选票放进去。这样做，让别人看不清投票人到底投给了哪位候选人。这个办法一直沿用到1830年。

除了用小球当选票，在19世纪初英国有些地方选举中，投票人用划杠、画圈、挂别针或用小刀在候选人的单子上刺一刀等方法进行投票。

总之，英国自16世纪初就开始采用秘密投票，从查理一世的反应，我们可以推知秘密投票在当时有效地保障了人民投票的独立自主性，让皇室不易控制地方选举。自查理一世1637年禁止地方政府使用秘密投票后，虽然不久他就被处决，大多数地方政府从此有了合法理由不采用秘密投票。英国皇室反对秘密投票的态度，不只影响了地方选举，更直接影响到英国国会议员的选举。除了前面所提的利明顿市，在1872年之前，英国没有任何县市使用秘密投票选举国会议员。秘密投票在英国被扼杀后，不只影响了英国本身的选举，也拖累了新大陆的选举。

北美殖民地

基于宗教信念的不同，英国清教徒（puritans）不认同“英国国教”（Church of England），17世纪初开始移民到美洲新大陆。刚开始的二三十年他们并不顺利，在新英格兰地区总共只有几百个移民坚持下来。直到1630年，温思罗普（John Winthrop）带领7艘船大约700个新移民和很多牲畜、粮食抵达马萨诸塞湾（Massachussette Bay），清教徒才算在当地的殖民地站稳脚跟。

根据英国国王颁发的马萨诸塞湾殖民地（Massachussette Bay Colony）特许证，殖民地的成员大会（the General Court）通过选举，产生1名总督、1名副总督和18名行政助理，组成殖民地的领导阶层。最初3年，选举采用举手的方式产生新的领导来行使行政和立法权。由于对一些征税的方案不满，1634年，群众要求总督让他们看一眼英国国王颁发的特许证，以确认总督、副总督和行政助理有立法权。结果他们发现，特许证规定只有殖民地的成员大会才能行使立法权，任何法案必须由成员大会表决通过。由于当时的移民人数已很多，开成员大会不太实际，因此他们决定每一个城镇选派两名代表，共24名代表，组成代表大会，负责立法和选举行政人员。这次政治斗争，史称“1634年的群众起义”(the uprising of the freemen in 1634)。[①]

1634年的群众起义，群众不只夺回了立法权，也决定停止使用举手表决，改用票选的方式，选举总督、副总督和行政助理。选举总督和副总督时，选民在纸上写下中意的候选人的名字，得票最多的当选。选举助理的办法却很特别。根据温思罗普的记载，他念一个候选人的名字后，选民陆续走进房内，将一张不记名的选票投在一个帽子内。选票上如果有打记号，那就代表赞成，如果是空白选票，那就是反对。票数算好后，得票最多的18位当选。1643年

---

① Edward Hartwell, “Primary Elections in Massachusette, 1640-1694,” *Proceedings of the American Political Science Association*, Vol. 7, 1910.

选举时，改成用玉米代表赞成，用豆子代表反对。只有那些有权拥有不动产的自由人才有选举权。不是自由人就没有选举权，违反规定被抓的，罚款十镑。[①] 每人只能投一票，多投的话，罚款也是十镑。自由人在镇会上投票，然后这些玉米和豆子被密封在口袋里，送到波士顿。计票的时候，把玉米和豆子倒进帽子里，如果玉米数多于豆子，则当选。马萨诸塞殖民地一直到1680年还在使用豆选的办法。[②]

另外，其他殖民地也有采用类似的豆选或票选的办法。

根据1689年宾夕法尼亚省议会的会议记录，在当时有很多县采用豆选。选举时，“投票人将黑豆或白豆投进一个帽子里”[③]。到了1706年，宾夕法尼亚的选举办法变得更细腻。选民必须到指定的投票站投票，投票人在一张纸上写下中意的候选人的名字，将纸卷好，交给选务人员投进票箱。如果投票人不识字，选务人员会把由亲友代写在选票上的名字念给投票人听，看亲友写得是否正确。不识字的投票人也可以当场请选务人员代写。[④]

在西泽西（West Jersey）殖民省1676年的《宪法》中规定，“选举不允许用呼喊或举手的方法，必须采用投小球到票箱的方法，以避免发生不公正的情况。如此投票，选民才

---

① George H. Moore, *Notes on the Tithing-men and the Ballot in Massachusetts*, London: Chas Hamilton, 1884, pp. 10-11.

② Bishop, Cortlandt F., *History of Elections in the American Colonies*, New York: Hardpress Publishing, pp. 141-144, 1893.

③ Ibid, p. 168.

④ Bishop, Cortlandt F., *History of Elections in the American Colonies*, New York: Hardpress Publishing, p. 169.

能自由和诚实地选择他中意的候选人”①。东泽西的《宪法》没有明确选举办法，只说用投票决定。东泽西、西泽西两省在 1701 年归还给英国国王之后，选举办法改成当时英国用的“口头表述法”。

根据北卡罗来纳 1715 年的选举法，投票人在选票上需要具名。1744 年改为无记名秘密投票，投票人将中意的候选人名字写在一张纸上，卷起来，塞进票箱上的小洞里。但到了 1760 年，投票办法却走了回头路，秘密投票被废止，改成当时英国的办法——“口头表述法”。

除了美洲殖民地，当时一些印第安部落也用豆选。17 世纪初在詹姆斯敦（Jamestown）那一带有三个大的印第安人联邦，其中一个叫波瓦坦（Powhatan），有 30 个部落，2 400 名勇士。波瓦坦联邦最大的部落叫帕芒基（Pamunkey），当时人口大约有 1 000 人。按帕芒基的制度，行政权力由首领掌握，立法和司法权由首领和一个四人代表组成的理事会共同办理。他们的酋长是由部落男性选出的，原来是终身制，后来改为四年一任。改选时，在学校内放置票箱，先由部落的理事会推举两位候选人。投票时，如果你支持的是第一个候选人，那就在票箱里放一粒玉米；如果你支持的是第二位候选人，那就在票箱里投一粒豆子。如果玉米的数目比豆子多，第一位候选人当选，反之，第二位候选人当选。②

综合上述，在 17 世纪的美洲新大陆，已实行秘密投票，但是到了 18 世纪，可能是因为宗主国英国当时废止了秘密投

---

① Bishop，Cortlandt F.，*History of Elections in the American Colonies*，New York：Hardpress Publishing，p. 166.

② John Garland Pollard，*The Pamunkey Indians of Virginia*，Washington D. C.：Government Printing Office，1894，p. 16.

票，很多美洲新大陆的殖民地也废止了秘密投票，改用口头表述法。

第三章　18、19世纪英美选举的一些弊端与乱象

英国的情况

秘密投票在英国和当时的美洲殖民地停止使用后，取而代之的是口头表述法。投票时，在监票人监督下，投票人一个接着一个到选务人员面前，说出他们中意的候选人是谁，也可以将支持的候选人姓名写在一张纸上，交给选务人员，由选务人员负责记录在投票簿（poll book）上。至今，保留下来的18、19世纪时的投票簿很多。下面是1857年3月27、28日英格兰北部哈利法克斯县的投票簿的第一页和最后一页。[①] 这本投票簿共12页，首页上有此次选举的年月日、候选人的姓名和代号，下面记载了选民的姓名、职业或身份、住在哪条街和投给哪位候选人。当时英国很多的县选两名国会议员，选民投票时最多可以投给两位候选人。看起来1857年哈利法克斯县有三位候选人，竞争两个席次。最后一页是选举的统计。第一位候选人，代号1，共得了714票，其中有659个选民把票投给他和2号候选人，38个选民投给了1号和3号，17个选民只投给1号，没投第二票。另外，代号2的候选人共得了830票，代号3的候选人得了651票。

---

① http：//www. calderdale. gov. uk/wtw/search/controlservlet? PageId＝Detail&DocId＝100415.

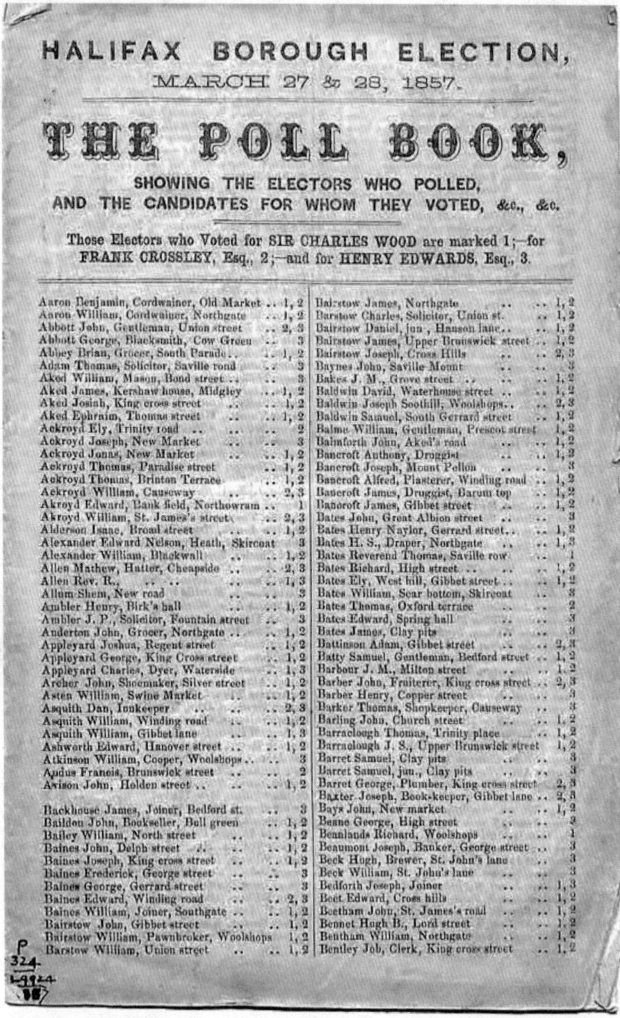

HALIFAX BOROUGH ELECTION,

MARCH 27 & 28, 1857.

THE POLL BOOK,

SHOWING THE ELECTORS WHO POLLED, AND THE CANDIDATES FOR WHOM THEY VOTED, &c., &c.

Those Electors who Voted for SIR CHARLES WOOD are marked 1;—for FRANK CROSSLEY, Esq., 2;—and for HENRY EDWARDS, Esq., 3.

Aaron Benjamin, Cordwainer, Old Market	1, 2
Aaron William, Cordwainer, Northgate	1, 2
Abbott John, Gentleman, Union street	2, 3
Abbott George, Blacksmith, Cow Green	3
Abbey Brian, Grocer, South Parade	1, 2
Adam Thomas, Solicitor, Saville road	3
Aked William, Mason, Bond street	3
Aked James, Kershaw house, Midgley	1, 2
Aked Josiah, King cross street	1, 2
Aked Ephraim, Thomas street	1, 2
Ackroyd Ely, Trinity road	2
Ackroyd Joseph, New Market	3
Ackroyd Jonas, New Market	1, 2
Ackroyd Thomas, Paradise street	1, 2
Ackroyd Thomas, Brinton Terrace	1, 2
Ackroyd William, Causeway	2, 3
Akroyd Edward, Bank field, Northowram	1
Akroyd William, St. James's street	2, 3
Alderson Isaac, Broad street	1, 2
Alexander Edward Nelson, Heath, Skircoat	3
Alexander William, Blackwall	1, 2
Allen Mathew, Hatter, Cheapside	2, 3
Allen Rev. R.,	1, 3
Allum Shem, New road	3
Ambler Henry, Birk's hall	1, 2
Ambler J. P., Solicitor, Fountain street	3
Anderton John, Grocer, Northgate	1, 2
Appleyard Joshua, Regent street	1, 2
Appleyard George, King Cross street	1, 2
Appleyard Charles, Dyer, Waterside	1, 3
Archer John, Shoemaker, Silver street	1, 2
Asten William, Swine Market	1, 2
Asquith Dan, Innkeeper	2, 3
Asquith William, Winding road	1, 2
Asquith William, Gibbet lane	1, 3
Ashworth Edward, Hanover street	1, 2
Atkinson William, Cooper, Woolshops	3
Audus Francis, Brunswick street	2
Avison John, Holden street	1, 2
Backhouse James, Joiner, Bedford st.	3
Baildon John, Bookseller, Bull green	1, 2
Bailey William, North street	1, 2
Baines John, Delph street	1, 2
Baines Joseph, King cross street	1, 2
Baines Frederick, George street	3
Baines George, Gerrard street	3
Baines Edward, Winding road	2, 3
Baines William, Joiner, Southgate	1, 2
Bairstow John, Gibbet street	1, 2
Bairstow William, Pawnbroker, Woolshops	1, 2
Barstow William, Union street	1, 2
Bairstow James, Northgate	1, 2
Barstow Charles, Solicitor, Union st.	1, 2
Bairstow Daniel, jun., Hanson lane	1, 2
Bairstow James, Upper Brunswick street	1, 2
Bairstow Joseph, Cross Hills	2, 3
Baynes John, Saville Mount	3
Bakes J. M., Grove street	1, 2
Baldwin David, Waterhouse street	1, 2
Baldwin Joseph Soothill, Woolshops	2, 3
Baldwin Samuel, South Gerrard street	1, 2
Balme William, Gentleman, Prescot street	1, 2
Balmforth John, Aked's road	1, 2
Bancroft Anthony, Druggist	1, 2
Bancroft Joseph, Mount Pellon	3
Bancroft Alfred, Plasterer, Winding road	1, 2
Bancroft James, Druggist, Barum top	1, 2
Bancroft James, Gibbet street	1, 2
Bates John, Great Albion street	3
Bates Henry Naylor, Gerrard street	1, 2
Bates H. S., Draper, Northgate	1, 3
Bates Reverend Thomas, Saville row	1
Bates Richard, High street	1, 2
Bates Ely, West hill, Gibbet street	1, 2
Bates William, Scar bottom, Skircoat	3
Bates Thomas, Oxford terrace	2
Bates Edward, Spring hall	3
Bates James, Clay pits	3
Battinson Adam, Gibbet street	2, 3
Batty Samuel, Gentleman, Bedford street	1, 2
Barbour J. M., Milton street	1, 2
Barber John, Fruiterer, King cross street	2, 3
Barber Henry, Copper street	3
Barker Thomas, Shopkeeper, Causeway	3
Barling John, Church street	1, 2
Barraclough Thomas, Trinity place	1, 2
Barraclough J. S., Upper Brunswick street	1, 2
Barret Samuel, Clay pits	3
Barret Samuel, jun., Clay pits	3
Barret George, Plumber, King cross street	2, 3
Baxter Joseph, Book-keeper, Gibbet lane	2, 3
Bays John, New market	1, 2
Beane George, High street	3
Beanlands Richard, Woolshops	1
Beaumont Joseph, Banker, George street	3
Beck Hugh, Brewer, St. John's lane	3
Beck William, St. John's lane	3
Bedforth Joseph, Joiner	1, 3
Beet Edward, Cross hills	1, 2
Beetham John, St. James's road	1, 2
Bennet Hugh B., Lord street	1, 2
Bentham William, Northgate	1, 2
Bentley Job, Clerk, King cross street	1, 2

英国哈利法克斯县1857年的投票记录簿首页，详细记载了每位投票人的姓名、职业、住址和投票给哪些候选人

12

Wadsworth Samuel
Wavel Edmund Minson
Webster Benjamin, Broad street
Webster George, Silver street
Whitehead Samuel, Causeway
Whiteley Charles, King cross street
Whitworth John
Wright Samuel, St. James's street
Wrigglesworth John, Northgate

Youd Robert, Cheapside

ELECTORS DEAD.

Aaron David, Well lane
Alexander Gervase, Fountain street

Balme James, Upper Brunswick street
Barker Thomas, Waterside
Bland Thomas, Gentleman, Hopwood lane

Cliberon John, Woolshops

Davison Thomas

Ellerton Thomas Holmes

Jennings John

Lassey Thomas
Leeming Joseph

Midgley William, Union street

Parker Robert
Rhodes George

Smith Robert, Delph street
Smith John, Mount pleasant
Styring Henry

Thornber John
Tillotson Nathaniel
Tillotson John

Wilson Joseph

ANALYSIS OF THE POLL.

No. of Electors on the Register		1488
Deduct Double Entries	19	
„ Deaths	21	40
		1448
Deduct Electors who did not vote		85
Number who polled		1363

Number of Electors who polled according to the Declaration of the Mayor:—

For F. Crossley Esq.		830
„ Sir C. Wood		714
„ H. Edwards Esq.		651
Majority for F. Crossley Esq.	179	
„ Sir C. Wood	63	

Plumpers for Sir C. Wood	17
Splits with F. Crossley Esq.	659
Splits with H. Edwards Esq.	38
	714
Plumpers for F. Crossley Esq.	36
Splits with Sir C. Wood	659
Splits with H. Edwards Esq.	135
	830
Plumpers for H. Edwards Esq.	478
Splits with Sir C. Wood	38
Splits with F. Crossley Esq.	135
	651

WILLIAM NICHOLSON, PRINTER, CHEAPSIDE, HALIFAX.

英国哈利法克斯县 1857 年的投票记录簿最后一页，
除了宣布当选人，也详细分析了此次选举的选票分布

由于投票簿上清楚地记载了每个选民投票的选择，往往选举一结束，很快大家就知道谁选了谁。很自然地，有权有势的一方就会想方设法来威胁利诱某些选民。有些候选人还利用地方帮派威胁选民不可以投另外一个候选人的票，不然以后就要找他的麻烦。还有房东强迫房客，老板强迫店员，商会大佬强迫小贩投票给他们支持的候选人。有的房东保存一份房客的投票记录，根据房客是否按他的意愿选某位候选人，决定要不要续约或加价。还有店主把投票记录当作炫耀顾客忠诚的证据。花了钱买选票的候选人也可以从投票簿上查证，哪些人拿了钱但没有投票给他。

画家威廉·荷加斯（William Hogarth）在 1755 年画了四幅画，描述 1754 年英国牛津县选举时由于贿选成风，造成了选举的失序和乱象。下面这幅画描述了投票所的情景。人群的后方，支持托利党（Tories）和辉格党（Whigs）两派的人还在热烈地拉票，能多拉一票就能从候选人那里多拿到一笔佣金。画中间是一位托利党的支持者带着一个神志不清的人来投票，跟在后面的是一个已奄奄一息的人，被两个人架着来投票。图右下方，一位辉格党支持者正将手（但那是一只义肢，那个人的一只脚好像也是义肢）放在《圣经》上宣誓，但右边的一位托利党支持者向旁边的选务人员提出质疑。因为根据规定选民要将“手”放在《圣经》上宣誓，旁边的选务人员两手一伸，好像在说“我也不知道该怎么办”。[①]

---

① 读者可以到下面网站查看其他的几幅画，http：//en. wikipedia. org/wiki/Humours _ of _ an _ Election。

1754 年英国牛津县投票所景象

在农业社会，非秘密的投票办法让地主阶级能用威胁利诱等手段，牢牢地控制地方的权力分配。但随着 18 世纪末 19 世纪初在英国发生的工业革命，中产阶级和工人阶级开始兴起。工人阶级本来期待英国政府扩大选举权，让他们也能参与投票，但 1832 年通过的选举法只让中产阶级有投票权，这让他们非常失望，因此 1838 年伦敦工人协会（the London Working Men's Association）发表《人民宪章》（People's Charter）①，争取他们参政的权利。

下面这张图是《人民宪章》的会员证，中间圆徽上的文字是他们的诉求。

---

① 参见 http://en.wikipedia.org/wiki/Chartism，也可以到 http://books.google.com 找关键词“The People's Charter”。

英国 1838 年《人民宪章》会员证

《人民宪章》有 6 条诉求，其中第 2 条是关于秘密投票的。

1. 年满 21 岁，心智正常，没有刑案在身的男子都应有投票权。

2. 行使秘密投票，以保护选民自由选择的权利。

3. 国会议员候选人资格不受财产多少的限制。

4. 国会议员应有误工补贴。

5. 选区划分要平均，不能有的选区人口超过别的选区太多。

6. 国会每年改选一次，让贿选的成本变得很高，如此才能减少金钱干预政治的可能。

为了保证选民能行使秘密投票，这份宪章还附有一份投票流程图和投票机的设计图。

图 A 的前方是一个入口和一个出口，分别由两位警卫看守。选民从图前方的入口进入，将身份文件交给在 7 号位置的选务人员验证。合格的选民由右方另一位警卫把守的入口，进入等候投票区。再往前走，在 8 号位置的选务人员交给他一个小铜球。领了小铜球后，从 2 号门进入墙后的投票区。在墙后，选民只能看到一个上面有五个孔的票箱，每个孔前写有候选人的姓名（图 B 的上方）。图 B 中标识的虚线是墙前和墙后分隔线，投票机的后半在墙后，前半（图 B 标识的 3 和 4 的部分，图 A 标识 4 的地方）在墙前。图 B 中 3 号标识的是一扇可以拉开的小门，后面每个候选人票孔下装置着一个计数器。当墙后的选民将他的小铜球投进其中一个票孔后，会撞到一根弹簧，拉动一个小齿轮，然后经过一个 Z 字形的滚道，从图 B 4 号标识的斜面滚下来。投票机的前方有一位选务人员在监票，如果超过一个球滚出来，等选民由图 A 左前方的 3 号门走出来，在图 A 10 号位置的警卫会将他拦住询问。如果没问题，选民就离开投票所。投票所中间是留给各政党党工的位置，监督投票程序是否一切合乎规定。

工人阶级为了争取他们的参政权，发动了很多示威抗议活动，有些运动因失控而变成暴力活动。在这些压力下，英

《人民宪章》投票站及投票流程图

国政府终于在 1867 年的选举改革法中，给予几乎所有的城市成年男子选举权，使工人阶级在很多的选区成为多数。虽然选举权扩大了，但是英国政府还是没有通过秘密投票，因此，雇主在选举时仍然能够对工人阶级施加压力，操纵选举结果。

美国的情况

美国建国初期，虽然许多州的宪法规定秘密投票，实际上各州还是用口头表述法。由于美国采用的是权力分立的联邦制，往往有很多职位要由选举产生，选民不太可能记住哪个职位要投给哪位候选人，因此去投票时都得先将要投的候选人的名字写在一张纸上。很自然地，各个政党开始将它们提名的候选人的名单印成选票交给选民，希望他们投票时就照着那张选票上的名字念。如果来投票的人不识字，选务人员就照他手上的名单登记。选民也可以告诉选务人员，他支持共和党或民主党提名的名单，这样最省事，因为选务人员就可以照政党提名的名单登记。

后来可能因为口头表述法太没有隐私，太费时，或政党不想让选民有机会将某些职位投给其他党的候选人，各州陆续停止使用口头表述法，改用选票。最后改的几个州是阿肯色州（1854 年）、西弗基尼亚州（1861 年）、密苏里州（1863 年）、弗基尼亚州（1867 年）、俄勒冈州（1872 年）、肯塔基州（1891 年）。[①]

改用选票后，是不是就变成了秘密投票？事实上并不是，这和投票站的设计有关。美国的投票站常设在地方法院大楼、消防站、教堂、大户人家、仓库等地点，选务人员在投票站的建筑物内工作，而投票的、拉票的、看热闹的全部在建筑物之外。每个投票站有一个投票窗口（voting window），如果窗子太高，下面会放一个垫脚的台子。窗口内是选务人员。去投票的选民，需先站在那个台子上，选务人员先确定他是否有选民资格。投票窗口旁还站着各党的党工，可以质疑这位选民的资格。选民资格确认后，这位选民将他的选票交给这位选务人员，选务人员再将选票投入旁边的票箱内。

下面我们找了几张 19 世纪美国投票站的画像，可以看出当时投票时的情景。第一张是描述在俄亥俄州的哥伦布市投票的情景，其中一个人因为冒投了好几次，被警察抓了起来。图的后方是选民在投票窗口投票，旁边有人在等着投，也有旁观者，右边那一位好像是警卫。第二张是描述 1869 年怀俄明州开始允许女性投票。第三张是描述 1867 年纽奥良市被解放的黑奴在投票。这三张图都清楚地描述了那时投票不是秘密的。

---

① Paul Bourke and Donald Debats, *Washington County: Politics and Community in Antebellum America*, New York: Cambridge University Press, 1995.

1884 年美国地方选举投票舞弊者被抓

图片来源：Frank Leslie's Illustrated Newspaper，November 8，1884。

1869 年怀俄明州是美国最早允许女性投票的州

1867 年纽奥良市被解放的黑奴在投票

由于当时美国不禁止各政党印选票，因此各政党利用这个机会，故意将选票印成很独特的形状、大小或颜色。选民将选票交给选务人员之前，只要将选票朝空中挥一挥，旁人就知道他投给了哪个政党。后来很多州规定选票必须用白纸印，但各政党还是可以用不同白色的纸来区分彼此的选票。下面一张选票是 1880 年艾奥瓦州某市地方选举时共和党印的选票。后来发现选票中间的空格太大，选民很容易划掉上面印的人名，写进民主党候选人的名字。所以后来印选票时不留空格。

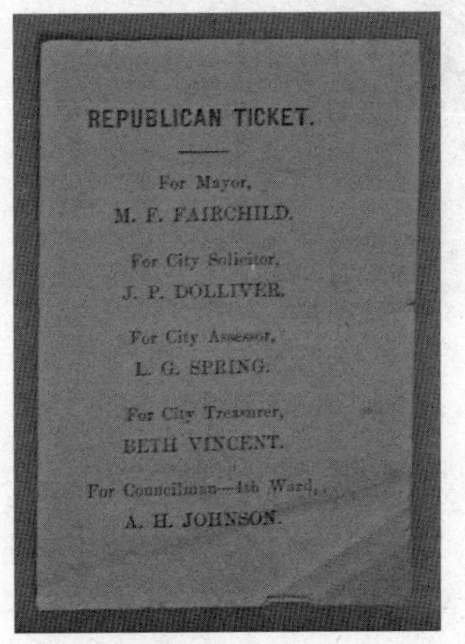

REPUBLICAN TICKET.

For Mayor,
M. F. FAIRCHILD.

For City Solicitor,
J. P. DOLLIVER.

For City Assessor,
L. G. SPRING.

For City Treasurer,
BETH VINCENT.

For Councilman—4th Ward,
A. H. JOHNSON.

1880 年艾奥瓦州某地的地方选举选票

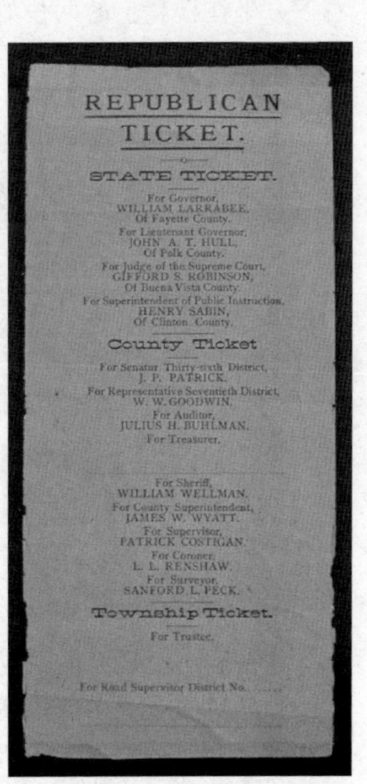

REPUBLICAN
TICKET.

STATE TICKET.

For Governor,
WILLIAM LARRABEE,
Of Fayette County.
For Lieutenant Governor,
JOHN A. T. HULL,
Of Polk County.
For Judge of the Supreme Court,
GIFFORD S. ROBINSON,
Of Buena Vista County.
For Superintendent of Public Instruction,
HENRY SABIN,
Of Clinton County.

County Ticket

For Senator Thirty-sixth District,
J. P. PATRICK.
For Representative Seventieth District,
W. W. GOODWIN.
For Auditor,
JULIUS H. BUHLMAN.
For Treasurer,

For Sheriff,
WILLIAM WELLMAN.
For County Superintendent,
JAMES W. WYATT.
For Supervisor,
PATRICK COSTIGAN.
For Coroner,
L. L. RENSHAW.
For Surveyor,
SANFORD L. PECK.

Township Ticket.

For Trustee,

For Road Supervisor District No. ......

1888 年艾奥瓦州的选举选票

有的政党还使一些坏招，故意印一些其他政党的选票，但上面除了一两个比较有名的候选人名字不变外，其他职位的候选人全换成自己党的人，将这些选票发给那些本来打算投给敌对党的选民。那时不识字的人很多，很容易受骗。[①]

只要来投票的，都有各政党或候选人的工作人员拉你先喝一杯威士忌，接着会塞一张选票给你，请你投他们一票。下面这张图里，有一位来投票的正喝得高兴，他身后和图的右下方坐在板凳上的两位好像已喝得不行了。还有的政党会花钱买票。19 世纪中期，一张选票的市场价大约是 1 美元[②]，也有发鞋、裤子或玉米作为酬谢的。

1946 年美国密苏里州萨临市选举时某投票站的情景，Ceorge Caleb Bingham 的画作

除了利诱，还有的政党用强迫的手段来拉票。下面这幅图像虽然过于夸张，但描述了 1888 年总统选举时，民主党渲染共和党如何逼迫工人阶级投票给共和党的总统候选人本杰

① Joseph P. Harris，*Election Administration in the United States*，Washington D. C.：Brookings Institute，1934，p. 17.

② Richard Franklin Bensel，*The American Ballot Box in the Mid-Nineteenth Century*，New York：Cambridge University Press，2004，p. 59.

明·哈里森（Benjamin Harrison）。

工厂老板强迫工人投票给资产阶级的候选人

由于投票不是秘密的而是公开的，所以威胁、报复、贿选等手段能有效地影响和操纵选举结果，这使得当权者只要能掌握权势，而不需要反映民意就能继续执政，这种情况下政治腐败是必然的结果。

虽然公开投票有那么多缺点，舆论界却还是有许多颇有声望的人支持这种办法而反对秘密投票，密尔就是其中一位。他原本是支持秘密投票的，但也许是受到他爱人哈里·泰勒（Harriet Taylor）的影响，也开始反对秘密投票，反对《人民宪章》。他认为行使公开投票是一种自尊的表现，秘密投票是一种伪善。秘密投票让人不顾公益而只顾私利。但如果是公开投票，羞耻心会驱使人转而支持那位代表公益而非私利的候选人。

然而公开投票能够在英国、美国持续那么久，主要不是因为知识界不支持秘密投票，而是既得利益阶级不愿意放弃这个操纵选举的工具，这是现实利益的考虑。

第四章　澳大利亚投票办法——秘密投票的再起

由于秘密投票对既得利益阶级的冲击太大，在任何政治制度下，除非有一个强大的力量挑战现有制度，否则没有一个既得利益集团愿意主动放弃这个操纵选举的机会。工业革命创造了一个改变现状的机会，工人阶级的兴起改变了传统的社会结构，对传统社会权力分配产生冲击和挑战。由工人阶级发起的英国宪章运动，代表了这一股力量。在英国，他们没有能够很快突破旧势力的压制，但却在英国的另一个殖民地——澳大利亚找到了发展的政治空间。

自从 19 世纪中在澳大利亚发现了金矿，移民人数大增。1850 年英国通过了澳大利亚殖民地政府法案，允许殖民地成立自治政府。随后几年各殖民地陆续通过宪法，开始筹备议会选举。以南澳殖民地为例，1855 年立宪，1856 年英国政府批准南澳的新宪法，1857 年选出第一届议员。其他几个殖民地建立自治政府的经验和时间大致相同。

澳大利亚各个殖民地建立自治政府，给来自英国的《人民宪章》支持者提供了一个绝佳机会。当初他们选择离开英国，有些是因为不喜欢英国保守的政治环境，有些是因为政治上过于激进，在英国已无容身之地。现在他们在澳大利亚新大陆的政治处女地上，没有强大的既得利益阶级的反对、打压、抗拒，可以重新设计一套制度，建立一个自由、平等的社会。①

几个殖民地政府几乎是同时通过了《人民宪章》中大部分的诉求。虽然历史学家对哪个殖民地第一个通过秘密投票还有争议，但我们能确定在 1856 年，塔斯马尼亚（2 月 7 号）、维多利亚（3 月 19 日）和南澳大利亚（4 月 2 日）三个殖民政府的议会，都通过了大同小异的秘密投票的选举办法。这一套选举办法后来被称为“澳大利亚投票法”。这一投票法是在 1838 年英国宪章运动期间提出的投票办法基础上进行改良，用选票和票箱代替了小铜球和投票机，但秘密投票的原则是一致的。下面我们用图来辅助说明澳大利亚投票法的具体操作程序。②

选民到了投票站，先向选务人员出示身份证，选务人员将证件与选民册上的资料核对无误后，发给选民一张政府统一印制的选票，请他到任何空着的划票间去划票。每张政府印发的选票自中间对折，内页依竞选的职位列印候选人的姓名、党派，并注明各职位应选名额。划票时，选民在支持的候选人名字右边的空格内打“×”。选民也可以在留出的空白位置另填他人。划好票后，再将选票依原来的折痕对折起来，

① Paul A. Pickering, “A Wider Field in a New Country: Chartism in Colonial Australia,” in *Elections: Full, Free and Fair*, edited by Marian Sawer, Annandale: The Federataion Press, 2001, pp. 28-44.

② 这两张图出自 John H. Wigmore, *The Australian Ballot System as Embodies in the Legislation of Various Countries*, Boston: The Boston Book Company, 1889。

将票投入票箱。选民在划票区不得超过十分钟。在划票或等待投票时，不可以向任何人出示选票。离开投票站时，不可以将选票携带出去。另外，下图中左侧栏杆外站有两个人，这是不符合规定的。只有选民或选务人员可以进入投票站。投完票后，应立即离开投票站，不可逗留。

投票站示意图

秘密投票是一个原则，落实这个原则需要一套完善的操作办法。澳大利亚投票法之所以成功，关键是其选举程序的设计，使外人无法判断选民到底将票投给了谁，这让政党或候选人很难用金钱或暴力来影响选民投票。

澳大利亚投票法的设计有两个最重要的特点：

第一，由政府统一印制选票，上面有所有政党提名的候选人和要表决的议题。这一环节很重要，因为如果不是由政府统一印制选票，候选人可以将能够用肉眼辨识的选票交给选民，开票时如果见不到这张选票，这个选民就领不到钱或就有可能被报复。另外，统一印制选票也可以防止某些政党

To Vote for a Person, mark a Cross [X] in the Square at the right of the name.

GOVERNOR.	Vote for ONE.
OLIVER AMES, of Easton,	Republican,
WILLIAM H. EARLE, of Worcester,	Prohibition,
WILLIAM E. RUSSELL, of Cambridge,	Democratic,

LIEUTENANT-GOVERNOR.	Vote for ONE.
JOHN BASCOM, of Williamstown,	Prohibition,
JOHN Q. A. BRACKETT, of Arlington,	Republican,
JOHN W. CORCORAN, of Clinton,	Democratic,

SECRETARY.	Vote for ONE.
WILLIAM N. OSGOOD, of Boston,	Democratic,
HENRY B. PEIRCE, of Abington,	Republican,
HENRY C. SMITH, of Williamsburg,	Prohibition,

TREASURER.	Vote for ONE.
JOHN M. FISHER, of Attleborough,	Prohibition,
GEORGE A. MARDEN, of Lowell,	Republican,
HENRY C. THACHER, of Yarmouth,	Democratic,

AUDITOR.	Vote for ONE.
CHARLES R. LADD, of Springfield,	Republican,
EDMUND A. STOWE, of Hudson,	Prohibition,
WILLIAM A. WILLIAMS, of Worcester,	Democratic,

ATTORNEY-GENERAL.	Vote for ONE.
ALLEN COFFIN, of Nantucket,	Prohibition,
SAMUEL O. LAMB, of Greenfield,	Democratic,
ANDREW J. WATERMAN, of Pittsfield,	Republican,

COUNCILLOR, Third District.	Vote for ONE.
ROBERT O. FULLER, of Cambridge,	Republican,
WILLIAM E. PLUMMER, of Newton,	Democratic,
SYLVANUS C. SMALL, of Winchester,	Prohibition,

SENATOR, Third Middlesex District.	Vote for ONE.
FREEMAN HUNT, of Cambridge,	Democratic,
CHESTER W. KINGSLEY, of Cambridge,	Republican, Prohibition.

DISTRICT ATTORNEY, Northern District.	Vote for ONE.
CHARLES S. LINCOLN, of Somerville,	Democratic,
JOHN M. READ, of Lowell,	Prohibition,
WILLIAM B. STEVENS, of Stoneham,	Republican,

REPRESENTATIVES IN GENERAL COURT. First Middlesex District.	Vote for TWO.
WILLIAM H. MARBLE, of Cambridge,	Prohibition,
ISAAC McLEAN, of Cambridge,	Democratic,
GEORGE A. PERKINS, of Cambridge,	Democratic,
JOHN READ, of Cambridge,	Republican,
CHESTER F. SANGER, of Cambridge,	Republican,
WILLIAM A. START, of Cambridge,	Prohibition,

SHERIFF.	Vote for ONE.
HENRY G. CUSHING, of Lowell,	Republican,
HENRY G. HARKINS, of Lowell,	Prohibition,
WILLIAM H. SHERMAN, of Ayer,	Democratic,

COMMISSIONERS OF INSOLVENCY.	Vote for THREE.
JOHN W. ALLARD, of Framingham,	Democratic,
GEORGE J. BURNS, of Ayer,	Republican,
WILLIAM P. CUTTER, of Cambridge,	Prohibition,
FREDERIC T. GREENHALGE, of Lowell,	Republican,
JAMES HICKS, of Cambridge,	Prohibition,
JOHN C. KENNEDY, of Newton,	Republican,
RICHARD J. McKELLEGET, of Cambridge,	Democratic,
EDWARD D. McVEY, of Lowell,	Democratic,
ELMER A. STEVENS, of Somerville,	Prohibition,

COUNTY COMMISSIONER.	Vote for ONE.
WILLIAM S. FROST, of Marlborough,	Republican,
JOSEPH W. BARBER, of Sherborn,	Prohibition,
JAMES SKINNER, of Woburn,	Democratic,

SPECIAL COMMISSIONERS.	Vote for TWO.
HENRY BRADLEE, of Medford,	Democratic,
LYMAN DIKE, of Stoneham,	Republican,
JOHN J. DONOVAN, of Lowell,	Democratic,
WILLIAM E. KNIGHT, of Shirley,	Prohibition,
ORSON E. MALLORY, of Lowell,	Prohibition,
EDWIN E. THOMPSON, of Woburn,	Republican,

选票

或候选人在选票上动手脚，欺骗选民。

第二，秘密投票是强制的，不是自愿的，选民不可以任意在划票间外填写选票，而必须到划票间划票。很多人也许觉得这点不太合理，投票也不是见不得人的事，为什么一定要进到划票间划票呢？然而，如果选民能自由选择要不要进划票间，那就无法杜绝威胁、利诱。因为愿意花钱买票的人，如果无法验证拿钱的选民到底投给了谁，他就没有意愿买票了。现在，如果他可以让投票的人不要进划票间划票，以便让旁人能看到他投给了那位候选人，这样买票和卖票的双方就能成交了。

英国 1872 年第一次秘密投票时使用的票箱

由于澳大利亚投票法操作程序简单，又能确保秘密投票，因此很快在全球推展开来。英国 1872 年通过了新的投票法，采用了澳大利亚投票法。《泰晤士报》报道说那次投票是空前未有的平静，竞选双方都争取保持选举的纯净，醉鬼出现的少，也没有人被指责贿选，这和以前的情况大不一样。早期选举是公开投票，混乱喧闹，常出现失控的事件。秘密投票虽然没有了那种热闹的气氛，却使选举很成功，也为日后建立了标准。

美国到 1888 年才在马萨诸塞州和纽约州开始推广，1892 年总统大选才第一次在全国采用秘密投票选举总统。

澳大利亚投票法现在已通行全球，虽然已过了一百多年，但其秘密投票的精神和完美的流程设计，至今不分地域，仍然继续被各国采用。

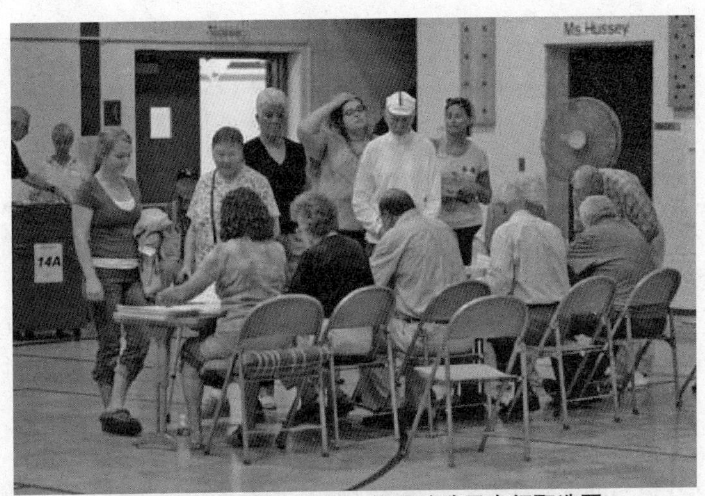

2008 年美国总统大选某一投票站选民在领取选票

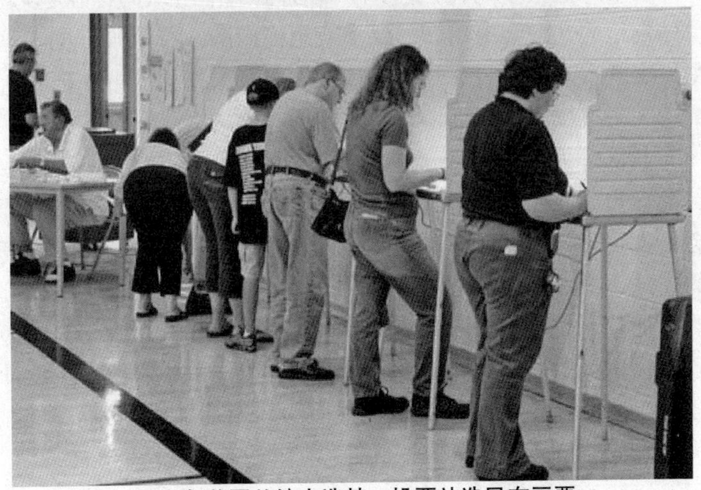

2008 年美国总统大选某一投票站选民在画票

第五章　英美民间团体的豆选

在英国和美国，很多民间团体采用豆选的表决方法。在这一章，我们主要介绍共济会（Freemason）这个组织的做法。另外，我们也介绍其他一些英美民间团体豆选的票箱设计。

共济会源于何时已不可考，根据现有文献我们只知道1390年苏格兰的一首诗里第一次提到共济会，到了16、17世纪共济会在苏格兰和英格兰渐渐发展起来。到了18世纪初，这个组织被移民带到北美殖民地。有些人认为共济会是秘密组织，比较恰当的说法是其组织有一些仪式是不对外公开的，这种故作神秘给外人很多幻想的空间，增加了这个组织的神秘色彩。虽然各地的共济会对信仰的要求或组织内的一些仪式不同，这个组织基本上就是一个互助团体，很多名人如美国第一任总统乔治·华盛顿，都是这个组织的会员。①

共济会通过投票表决招收新会员。会员投票前，调查委员会先报告对申请人审查的结果，如果结论是支持的，支部会长就请理事预备票箱。由理事把票箱放好，打开，把所有的白球、黑球随意地放进上面那一层，让下面的一层空着。然后他拿着票箱，让监事检查，确定底下那一层是空的。为了不让别人看见他投的是白球或黑球，票箱的盖子往往设计成可以用来遮挡别人的视线，下面的票箱就是一个例子。②

---

① http://en.wikipedia.org/wiki/Freemasonry.

② http://www.phoenixmasonry.org/masonicmuseum/ballot_box.htm.

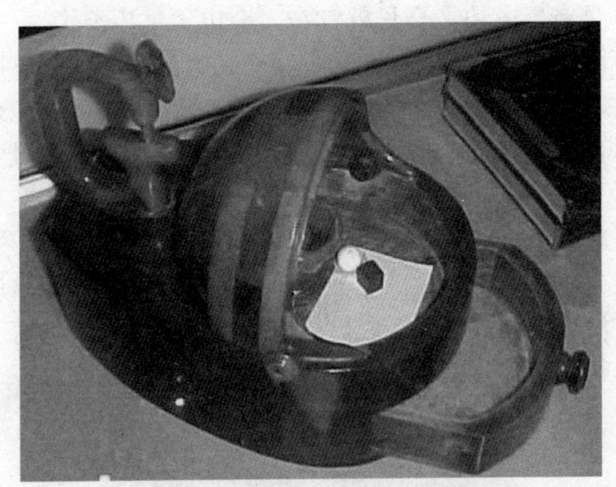

早期共济会票箱，用白球和黑方块

上图这个票箱，用于装小球和小方块。它有上下两个槽，上面那个槽用来盛黑方块和白球，里侧有一个洞，投票人把球投进这个洞里，球就会掉到下面那个槽。其实那是个小抽屉，打开后验票，就是看看都投了什么颜色的小球或方块。

监事检查票箱之后，理事把票箱放在主席台上，回到他座位上。接着，会议秘书开始按职务高低逐一点名，被点到名的同人走到主席台前投票。点名的速度不能太快，以免后面的人太快走到主席台，会影响前面还在投票的那一位。等大家都投过票后，理事开始算票，由监事验票。如果下层全是白球，这个监事就说“没有异议”（The box is *clear* in the South)，会长就宣布入会申请通过。要是有一个或者更多的黑球，就说“有异议”（The box is *foul or dark* in the South)。要是有一个以上的黑方块，申请入会就失败了。但要是只有一个黑方块，会长会请理事准备票箱，再次投票。如果再次投票的结果还是有黑方块，会长就宣布入会申请被拒绝了。

下面的这个票箱是另一个共济会用过的，年份可能是1864年左右，黄檀木的材质，尺寸是9×6.5×3.5英寸。白球和黑球平时存放在左边的抽屉里，投票时上面的盖子可以挡住手，别人看不见投票人投了什么颜色的球。白球表示接受某人入会，黑球表示反对某人入会。投票的时候，这个票箱传递给每个投票人。投票结束后，盖子关闭。负责人打开里面暗设的小抽屉，清点小球，宣布新成员是否被接受。共济会的每个俱乐部，自行决定多少黑色小球就可以拒绝一个新成员加入。[①]

早期共济会票箱

① http://archives.boxes.oneofakindantiques.com/2942_mason_antique_rosewood_masonic_voting_box_circa_1864_1.htm.

怎么计算黑球

像俱乐部、共济会、兄弟会这类组织，招收新成员的时候是由老成员选举，这样做是为了确保新成员能够和老成员融洽相处。用小球选举，投白球表示赞成，黑球表示反对。Blackballing 就是投黑球，同义词也叫“黑名单”，被投了黑球或上了黑名单，就是被拒绝了。① 很多组织不用黑球，而是用黑方块。据说，白球用久了，变的脏兮兮的。在暗淡的光线下投票，不太容易分清小球到底是黑是白。于是干脆用黑方块替代黑球，这样一来看不清颜色也不要紧，形状不一样，更容易分辨。② 用黑方块取代黑球的做法延续至今，例如北卡罗来纳兄弟会到今天还是用黑方块。

那么，到底有几颗黑球算数呢？1879 年《狄更斯伦敦词典》中，提到有关俱乐部的选举规则。成员经投票选举，至少要有 12 个成员参加投票。如果参加投票人数在 18 人之内，其中有一人投了黑球，就再投一次。再投时，要是仍有一人投黑球，就拒绝申请人入会。要是有 18 个以上成员参加投票，如果有两个黑球就拒绝，不再进行第二轮投票。③ 但不同地区的组织使用的办法可能是不同的。

以北卡罗来纳州哈利法克斯（Halifax，NC）市的皇家白鹿共济会（Royal White Hart Lodge）为例，这个共济会成立于 18 世纪中期，会员是来自英国等地的欧洲移民。他们

① http：//en. wikipedia. org/wiki/Blackballing.

② “The Black Cube,” *Short Talk Bulletin*，Vol. VII，No. 11，1929 (*STB-NO29*)，*Masonic Service Association*.

③ http：//en. wikipedia. org/wiki/Charles _ Dickens _ Jr.

用投票的方式做决策。例如，1765 年他们通过投票表决，驱逐了屡教不改的造假财务，1767 年也是通过投票决定救助一个叫约翰的外来弟兄。①

根据 1765 年皇家白鹿共济会的内部规定（By-Laws of the Royal White Hart Lodge），如果有一个或两个会员投黑球反对申请人入会，会长先问投黑球的会员愿不愿意表明身份，站起来说明反对的原因。如果没有人站起来，那么反对无效。如果投黑球的会员愿意表明身份，陈述反对的理由，又有过半的会员支持他的看法，那就拒绝申请人入会。②

这个办法的一个缺点是违反了秘密投票的原则。因为投黑球的会员必须表明身份，不然他投的黑球就无效。但是，如果不要求投黑球的会员向大家说明反对的理由，又怕有些会员恶作剧，故意投反对票。针对这个问题，皇家白鹿共济会在 2008 年进行了讨论，2009 年初修改了内部规定。新的办法规定，如果有人投了一个黑方块，必须重新再投票一次。如果再投后仍有一个黑方块，会长不马上宣布结果，而是请投黑方块的人散会后私下和他说明原因。如果投黑方块的会员愿意和会长谈，下次开会的时候会长向大家转述投拒绝票的原因，他只说原因，对于是谁投了拒绝票严格保密。然后，让大家对那个原因是否成立举手表决，以大多数人的意见为准。如果那个投了黑方块的会员一个星期内没有向会长说明原因，下次开会的时候，会长就会宣布入会申请案在无异议

① http：//www. grandlodge-nc. org/nclor/ltc/C1. pdf.

② http：//wnctrestleboard. blogspot. com/2008/04/royal-white-hart-law-of-1765-ammnedment. html.

的情况下通过。[①]

除了共济会，很多的团体都用豆选来表决。下面，我们不详细介绍这些组织，只用几张照片来展示不同的豆选票箱。

伦敦古董协会票箱

这个古董票箱，属于伦敦古董协会（Society of Antiquaries of London），1784 年开始使用。上面那个圆洞，使投票人能够把手伸进去，把代表“YES”或者“NO”的软木球放进去。落选的，被称为“blackballed”，意思是被投了黑球。下面两个小抽屉，装着铜把手，贴着象牙标签，一个标着 YES，另一个标着 NO，有可能分别盛黑球和白球。

伦敦古董协会红木票箱（1784）

维多利亚时期的票箱

另一个是英国维多利亚时代（1837—1901）早期的票箱，现保存于蒙哥马利的旧钟博物馆，上面有个尖顶，中间的圆口是伸手进去的地方，下面三个抽屉，左边标着“yea”（是），右边标着“nay”（否）。

哥伦比亚特区居民协会票箱

美国哥伦比亚特区早期居民协会成立于 1865 年，他们的

---

① http://74.125.47.132/search?q=cache:GQqf4Mrs6wMJ:www.grandlodge-nc.org/pdf/2008%2520GL%2520Amendment%2520vote.pdf+2008+Grand+Lodge+Voting+Results&cd=1&hl=en&ct=clnk&gl=us.

英国维多利亚时代票箱

成员曾经使用这个木制票箱进行选举。[1] 这个协会至今还存在，但已经不再使用老法子。这个旧票箱捐给了史密森学会（Smithsonian Institution）。

哥伦比亚特区居民协会票箱

康涅狄格票箱

下面四张图片是从四个角度来欣赏一个一百多年前康涅狄格州某地方组织用过的票箱。制作得非常精美，箱子的铰

① http：//aoidc. org/aboutus. aspx.

链、镶片和四个腿都是纯银的，饰有协会的印章，还有小木槌和装白球、黑球的盒子。①

侧面图

平面图

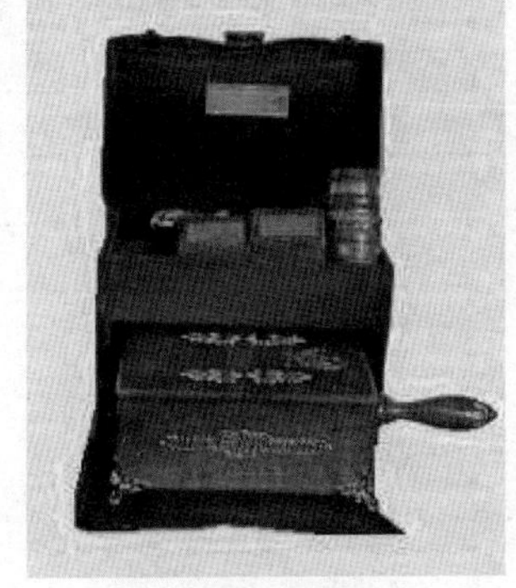

内部正面

内部侧面

一个小缺点

这些票箱设计得都很有创意，也很特别，但遗憾的是它

① http：//www. colonialwarsct. org/ct _ soc. htm 和 http：//www. colonialwarsct. org/1687. htm.

们还是无法确保能做到完全秘密投票。

一般用这种豆选票箱表决的团体，人数都不会很多，大约十几二十人。一个票箱里，一般是白球多黑球少。以笔者之一收藏的一个票箱为例，票箱内共有 37 粒白球 6 粒黑球。投票时，所有的白球和黑球都放在箱子的上层一方，会员依点名顺序到主席台前投票，也有的地方是会长拿着票箱到每个会员前，会员从剩下的球中挑一个投入。假如会员知道共有几粒黑球，当轮到第二个人投票，他注意到黑球已少了一粒，那自然是第一个会员投了黑球。另外，如果倒数第二个会员投票时，所有的黑球都还在，如果开票时有一粒黑球，那一定是最后的那位会员投的。或者倒数第二个会员投票时黑球只少了一粒，但开票时却有两粒黑球，一定是最后那位会员投的。

共济会非常重视秘密投票，不知道为什么这个细节没有注意到。

第二部分　中国的豆选

“天天投豆子，日日分黑白”，古人用豆子来记录善行或恶行，以此自我鞭策，这种做法源于宋代。“宋仁宗时曾担任枢密使的赵概，‘少笃学自力’，即对自己要求甚严。他准备了黑白两种豆，做了好事或学业有长进便投白豆，反之则投黑豆，以此督己。”① 据说他的具体做法是这样的：“赵概的书房里，放着三个盒子。一个装着白色的豆子，一个装着黑色的豆子，一个是空的。一天里要是他做了一件好事，或者有一个好念头，他就从装白色豆子的盒子里取出一颗白色的豆子，投到空盒子里去；要是做了一件坏事，或者有了一个不好的念头，他就从装黑色豆子的盒子里取一颗黑豆的豆子，投到空盒子里去。到了晚上，他把丢进空盒子里的豆子倒出来，数数白色的豆子有多少，黑色的豆子有多少，用这个办法，来检查自己在这一天里有多少过失，有多大长进。”②

① 宋在兴：《智慧养生：打开健康之门》，118页，天津，天津科技翻译出版公司，2006。

② 莫英、杜相忱：《炎黄子孙四百轶事——赵概投豆》，79页，北京，中国少年儿童出版社，1980。

朱熹也注意到这种办法，他认为人有许多不必要的思虑，可以用投豆法解决。他说："前辈有欲澄治思虑者，于坐处置两器。每起一善念，则投白豆一粒于器中。每起一恶念，则投黑豆一粒于器中。初时黑豆多，白豆少。后白豆多，黑豆少。后遂不复有黑豆，最后虽白豆亦无之矣。然此只是个死法。若更加以读书穷理的工夫，则去那般不正当的思虑，何难之有。"[①] 他指出了两种不同的境界，先让善念占上风，下一步是让心思一片清静，无恶无善。但他认为这都是被动的，他主张还要用读书穷理的积极办法，才更容易清除邪思杂念。

"学古人投豆之法，以黑白二豆分善恶"，后代不乏仿效之例。明代徐溥（文靖）每有一个善行或善念，就在钵子里投一颗黄豆，相反就投一颗黑豆。[②] 1934 年，蔡元培与周作人唱和，也有"扪心得失勤拈豆"的句子。[③] 拈豆，用的就是古人投豆养性的典故。作家赵树理小时候受祖父的传统教育，做了善事，他就往坛子里放一颗白豆，做了恶事，就放一颗黑豆。什么事够得上放豆的标准以及放几颗豆子，是有讲究的。修桥补路算三颗白豆，埋葬尸骨算两颗白豆。恶事

---

① 四库全书存目丛书编纂委员会：《四库全书存目丛书》子部第 22 册，365 页，济南，齐鲁书社，1997。

② 徐文靖，"仿效古人，每闪现一个正确的念头、说一段正确的话、做一件好事，就在一个钵子里投一粒黄豆，相反，则在另一钵子里投一粒黑豆。开始，黑的多黄的少；渐渐地，黑黄相当；再后来，黄多黑少。他这样坚持一生，即使在做大官期间也未间断"。参见周凌华：《黄豆与黑豆》，载《中国人才》，2007（10）。

③ 参见蔡元培：《和知堂老人五十自寿（二律）》，载《民治起点》，1998。

包括不忠、不孝、损人利己或不洗手在神前上香，都要放黑豆。[①]

投豆的方法，除了被硕学通儒们用来修身养性，民间社会也曾以投豆评定竞赛的优劣胜负。举例来说，清末民初河南沁阳的盆窑陶器曾经很出名，盆窑村的村民张义和改良了工艺，他送展的陶器 1914 年还在世界工艺品博览会上得了奖。那时候，该村西沟和东沟两部分人曾经展开过烧造陶器的比赛，项目有选土、选柴、塑胎、凉坯、烧制等，看谁在同一时间里所制陶器最好。“凡参赛者约定好开始与截止时间，然后各窑回到各窑，各搞各的设计和烧造。到约定时间，每窑带 3 至 5 件不同样式的成品到指定地方摆放，请德高望重的老技师编号排列、逐件检验，不记名‘丢豆’论高下。”[②]

与以往个别的、分散的事例不同，在中国共产党领导下的苏维埃、抗日根据地和解放区时期，豆选被发扬光大了。据说开国大典前夜，政协投票选举中央政府组成人员，主席台两侧悬挂两幅根据地的作品，其中一幅就是 1948 年彦涵创作的木刻《豆选》。[③]“人民程度不够，不能实行民主”，古今中外多少的执政者总是用这样那样的借口来抗拒民主。中国

---

① 参见［美］贝尔登：《中国震撼世界》，100 页，香港，香港文宗出版社，1952。

② 邓宏礼：《我所了解的沁阳制陶业与黑陶工艺》，见中国人民政治协商会议河南省焦作市委员会学习和文史资料委员会编：《焦作文史资料》（第十一辑），101～104 页，焦作，中国人民政治协商会议河南省焦作市委员会学习和文史资料委员会，2007。

③ 参见齐荣晋：《选票杂说》，载《文史月刊》，2003（12）；李振民：《中国共产党能够跳出历史“周期律”》，载《中共党史研究》，1991（3）。

共产党推动的豆选揭穿了这个政治谎言，让占人口大多数的不识字的人也能参与民主选举，表达自己的意愿。1943 年，曹火星在平西抗日根据地创作了《没有共产党就没有新中国》这首歌，里面就有“实行了民主好处多”的句子。[①] 那时的民主，豆选占了相当的比重。它曾是对抗国民党的利器，用来证明共产党实行真民主，国民党是假民主。有人推测，也许正是基于抗日民主根据地广泛实行豆选，毛泽东当年在延安窑洞里对黄炎培说，他已经找到了打破中国历史兴勃亡忽的周期性的办法，那就是人民民主。[②]

新中国成立前后民主建政期间，刚刚解放的城乡人民也曾兴高采烈地投豆，直接选出自己信赖的人当村、居委会负责人，人民代表及地方政府干部，使新成立的中华人民共和国建立在一个坚实的群众基础上。

豆选作为中国传统文化和政治文化的一个亮点，曾被广大人民喜爱、传颂，并通过外国记者、学者的报道和记述而声名远播，它也铭刻在一代革命老前辈的脑海里，闪烁在至今犹存的文艺作品中。

在下面的第一章，我们先从一些文艺作品中体会豆选如何触动着人心。在第二章，我们从史料中去探索中国共产党最早是什么时候开始采用豆选，以及如何有效地运用豆选来推动各时期的政权建设。在第三章，我们介绍几位外国人对豆选的观察和认识，这些西方记者、学者、外交官有机会目

---

① 参见《专题调查与回顾》，见中共北京市委党史研究室、中共北京市委农村工作委员会：《京郊五十年》，288 页，北京，北京出版社，1999。

② 参见齐荣晋：《选票杂说》，载《文史月刊》，2003（12）；李振民：《中国共产党能够跳出历史“周期律”》，载《中共党史研究》，1991（3）。

睹当时豆选的实践，将它的做法翔实地记述下来，传播到西方世界。他们的记录不仅见证了那段历史，也提供了独特的视角。在介绍了豆选的起源、发展和影响之后，在第四章、第五章，我们从选举制度的角度系统地介绍了豆选和其他几种选举办法的具体操作方法和差异。

第一章　豆选，一个让人永远传颂的艺术主题

电视连续剧《沂蒙》于 2010 年获得“中国金鹰电视奖”，该剧描述的故事发生在 1938 年沂蒙山区一个叫马牧池的小山村。在第 33 集中，八路军要建立边区政府，也要选村长，其中有个场景就是豆选村长。候选人有两个：于宝珍和继善。结果于宝珍比继善少得了一粒豆，落选了。现实生活中，许多人曾经亲眼见过豆选，其中一些身怀才艺又颇有见识的人，把那种场面用画笔、刻刀进行了艺术加工，或者用照相机真实地记录下来，使我们今天能欣赏到那些木刻、年画、摄影，读到有关的诗歌、小说、散文。文艺作品是现实的升华，它们栩栩如生地印证了散落在各地党史、地方志里尘封的往事，豆选就这样沉淀在我们的文化里。

根据地的诗歌，形象地反映了这种选举方法：

“黄豆豆，豆豆圆，咱村选举村议员……一颗黄豆搁在碗，……俺活 70 头一遍。”①

① 方之光、龚云：《农民运动史话》，142 页，北京，社会科学文献出版社，2000。

“金豆豆呀银豆豆，比不上咱的土豆豆。一颗选票一颗豆，小心投在碗里头。”[①]

陕甘宁边区的“豆选”诗近年也出现在高考题、高中习题里，体现了让年青人不忘民主传统的苦心。“金豆豆，银豆豆，豆豆不能随便投。选好人，办好事，投在好人碗里头。”[②]

下面我们介绍几件有关豆选的艺术作品：

彦涵的木刻《豆选》

彦涵的木刻《豆选》创作于解放战争时期。1945 年冬，他从陕西到了河北，1947 年土改运动中，他任河北省获鹿县大河村工作组组长。根据那时的亲身经历，他创作了《豆选》等作品。[③] 彦涵回忆到，那时他作为土改工作组组长，要让农民们自己选出自己的干部，可是农民不识字，有人就想出了让大家往候选人碗里投豆子的主意。第一次自己选干部，农民们不习惯，嘻嘻哈哈的。但是彦涵说，那最初的民主意义非比寻常。新中国成立后，《豆选》被彦涵重新画成大型油画，被全国政协收藏。[④]

画面中，一位妇女弯着腰，正在小心地捡起地上的一颗豆子。1953 年，文艺理论家王朝闻提到这个拾豆的细节，他认为这表明那个妇女不愿牺牲这一票的权利，显示了选民热

---

① 皇甫束玉：《凌晨集——〈束玉吟草〉续集（1990～1996）》，北京，高等教育出版社，1997。

② 2007 年普通高等学校招生全国统一考试大纲的说明（山东卷）；2006 年广东省汕头一中高二下学期期中考试历史试卷；2005 年山东省潍坊高三统一考试。

③ 参见康胜利：《彦涵夫妇携手共沉浮》，载《炎黄春秋》，2000（3）。

④ 参见《彦涵—— 中国尚在人世资格最老的版画家》，载《北京青年报》，2005-08-12。

情严肃地对待民主权利。同时，这样的细节也反映了解放区民主建设的本质特征，为作品增加了光彩。[①] 对于这幅作品，王朝闻从艺术鉴赏的角度做了更详细的说明："在一个宽敞的院落，(这很可能是土改没收的地主庄院，在当时常常作为村民集会的场所) ……白发苍苍的老者，手拄拐杖，颤巍巍地来到选举的地方，边走边瞧着手中的豆子，这是一个复杂深刻的形象……一个农民不小心将豆子落掉，又小心翼翼地捡起，关注的神态和认真的动作，无疑流露出内心的感慨。豆子虽小，意义重大，一颗豆子是一个选民的心声。"[②]

1948 年彦涵创作的黑白木刻《豆选》

图片来源：陈君：《中国绘画鉴赏》，131 页，北京，高等教育出版社，2008。

---

① 参见王朝闻：《新艺术创作论》，19 页，北京，人民文学出版社，1953。

② 王志武主编：《延安文艺精华鉴赏》，1202 页，西安，陕西人民教育出版社，1992。

这幅木刻备受赞美，如今人们仍然看重《豆选》的价值。2008年，一家拍卖公司得到这幅作品，拿去拍卖。这幅尺寸29×37厘米的作品，估价3万～4万元人民币。其简介中说，“当彦涵看到中国农民在不识字的情况下利用‘豆子’进行选举时，感到这是对几千年的封建专制制度所进行的最有力的挑战”[①]。

顾群的年画《豆选》

豆选这种简便的办法，能使占人口多数的弱势群体参选，所以受到很多人的欢迎。中华女性长期以来是弱中之弱，她们被包括进来的时候，更显难能可贵。

顾群1946年到了解放区，以河北选举为题材创作了《豆选》年画。这个投票场面很热闹，也很祥和。男女老幼都来了，会场上还布置了“为人民服务”等标语口号。画面的左后方像是入口，人们在那里排队领豆子，然后依序走上前来投票。画面中央，一位妇女正在弯着腰，小心地把豆子放到第二个碗里。碗上蒙着白纸，中间小黑点的地方其实是个洞，豆子从小洞投进去。这个碗对应的第二个候选人似乎也是位女性。一个男人在等待投票，他两手摆弄着豆子，左手掌心里有多颗豆子。据此推测，这次选举时，村民要给多名中意的候选人碗里分别投豆。他后边一个女人抱着孩子，像是也在等候投票。左前角一个老人领着个小男孩，在注视着人们，他们能看到谁投了谁的票。画面右边有个人站在凳子上，指着板子上的人名，向来人说着什么，也许是在介绍候选人。

女画家画妇女投豆给女候选人，这不是巧合也不是偶然。

---

① http：//pm. findart. com. cn/737710-pm. html.

顾群创作于河北束鹿的年画《豆选》

图片来源：中国现代美术全集编辑部：《中国现代美术全集：年画（第1卷）》，181页，北京，中国建筑工业出版社，1998。

边区和解放区的选举制度规定，男女都有投票权，妇女普遍参选，不少人还被选进各级政府。比较著名的有1940年当选晋察冀边区唐县第一任女县长的陈舜玉，在戈焰的《豆选女县长》诗中就有“她碗里黄豆乒乓落”的句子，来形容当时的景象。[①] 另外，晋察冀根据地1939年各村改选时，妇女当选村长、副村长和村政委员、村代表者约2 000人。[②] 新中国成立后，1951年和乐乡由代表投豆，有位妇女得票第二多，当选副乡长。[③] 这种例子不胜枚举。豆选帮助了作为弱势群体的妇女，这种变革被女艺术家们敏捷地捕捉到了。

---

① 参见魏巍编：《晋察冀诗抄》，577页，北京，中国青年出版社，1984。

② 参见方之光、龚云：《农民运动史话》，143～144页，北京，社会科学文献出版社，2000。

③ 参见《关于民政部门的工作问题》，见中南军政委员会民政部编：《民政工作手册》（第三辑），253～259页，武汉，中南人民出版社，1951。

那个时代，在中国出现妇女参选、妇女参政是十分奇妙的事。这里曾经是缠足风行的国度，也是曾经崇尚一夫多妻的地方。妇女解放、男女平等曾属于童话里的憧憬，但豆选使文盲和女性都有了参政的机会，一人一票，女人也可以选她满意的候选人，包括选女候选人，让她们代表自己的利益。弱势群体有了一个参与的机会，这的确是向人道主义的进步。这种做法，也便于共产党获得妇女的理解和支持，扩大它的力量，贯彻它的政策。所以说，那时的豆选造成共产党和广大农民群众双赢的格局。

一些豆选故事

除了画，还有很多文学作品也是以豆选为素材的。

赵树理（1906—1970）是边区很有代表性的作家。起初，他是因为被那里的民主气氛吸引才投身边区的。1941 年 5 月，晋冀豫边区通过选举，成立临时参议会，赵树理称赞“这是真正的抗日民主政权才能实行的创举，是初步实行民主政治的伟大创举”[①]。1943 年，赵树理创作的著名的《李有才板话》中有一段精彩的故事。它以现实为素材，生动地反映了晋冀鲁豫根据地农村选举的情形，描述一些人一心想操纵选举，变着花样做手脚，利用选务上的空子作弊，以达到自私的目的。现摘要如下。

抗战期间，阎家山村改选村长，大家先提出三个候选人，然后用投票的法子从三个人中选一个。投票的办法，因为不识字的人很多，可以用三个碗，上边画上记号，放到人看不

① 赵树理：《创举》，见《赵树理全集》（第五卷），76～77 页，太原，北岳文艺出版社，2000。

见的地方，每人发一颗豆，愿意选谁就把豆放到谁的碗里去。[①]

阎恒元长期掌握村里的实权，刘广聚是阎家的理想人选。阎恒元的儿子阎家祥是教育委员，本来打算趁大部分人不识字，在写票的时候做手脚。现在要豆选，那一招不行了，他们就在碗上做点手脚。家祥把一个红碗、两个黑碗上贴了名字向大家声明，“注意！一会把这三个碗放到里边殿里，次序是这样：从东往西，第一个，红碗，是刘广聚！第二个是马凤鸣，第三个是陈小元”。说罢把碗放到殿里供桌上，然后从东到西每人发了一颗豆，发完了就投起来。一会，票投完了，结果是马凤鸣 52 票，刘广聚 88 票，陈小元 86 票，刘广聚当选。[②]

刘广聚当选村长后，想法子打击对手。县里指示成立武委会和民兵，需先选派一个人去县里受训，这不是个美差。于是他就又搞了一次豆选，推了三个候选人，包括对手陈小元。投豆子的时候，家祥和农会主席得贵两人“暗暗抓了一把豆子都投在小元的碗里，结果把小元选住了”，小元被送去受训。[③]

从《李有才板话》关于选举的描述中我们体会到，无论是豆选或者其他的投票方式，总可能有人钻空子。所以好的选举办法需要不断改进，使它保持公平合理才行。

如今，赵树理和边区都已成了过去，但是当代人仍然不能忘怀那些事情，还不停地描写和传颂着豆选。

---

①② 参见赵树理：《李有才板话》，见《赵树理全集》（第一卷），182 页，太原，北岳文艺出版社，2000。

③ 同上书，190 页。

在一本传记小说中，豆选被追溯到更早。它叙述了 1929 年 10 月在江西吉安陂头村，由 326 个委员参加投豆，从 3 个候选人当中选出一人为赣西革命委员会主席。红豆代表赞成，黑豆代表反对。他们各自取不同颜色的豆子，分别把豆投入写有候选人名字的碗中。① 这部作品描写苏维埃共和国时期的豆选，在时间上是比较早的。

《南风窗》刊登过一篇文章《70 年前的豆选》，按时间推算发生在 20 世纪 30 年代初。文中提到大黄庄的两个村民竞选村长。村民们大多不识字，大家聚在打谷场上，两个竞选人演讲后，各捧一只碗。给每个成年村民发一粒黄豆，喜欢谁就把豆放在谁的碗里。最后清点二人碗里的豆数，谁得豆多谁当选。②

报告文学《赤岸：邓小平在晋冀鲁豫》描写的是 1942 年，晋冀鲁豫边区政府决心改组村级政权时的故事。青塔村民选村长，该村有 21 个自然村，散落在方圆 15 里的山里。由村丁提前几天挨户通知，选举当天大家来到有几间石头房子的村公所，几百人挤满了院子。县特派员主持选举大会，18 岁以上的人有选举权，有病的人或女人可以让别人代理，逐个点名。然后宣布，“有选举权的 489 人，让人代理的 16 人，神经病的、讨饭外出的 160 人不算数，实到人数 313 人，有效票数 329 票”③。由主持人指定 3 个检票员，大家认可后，就开始发选票——一碗红豇豆，然后宣布 3 名候选人。

---

① 参见水根、辛华、卜谷：《经略赣西南：曾山与苏维埃》，62 页，北京，人民文学出版社，2003。

② 参见朱志砺：《70 年前的豆选》，载《南风窗》，2002（5）。

③ 李春雷、李亮：《赤岸：邓小平在晋冀鲁豫》，205--206 页，石家庄，花山文艺出版社，2004。

"选举开始了，三个人面壁而站，身后放着一条板凳，板凳上放着三个粗瓷碗。……大家排队……给每人发一个或两个豆儿，然后从三个候选人后面走过，选谁就把豆儿放在谁身后的碗里……众人慢慢地走着，有的把豆儿直接放在某一个碗里，有的手在每个碗里都伸一下，装作放豆儿的样子。"① 3个检票员每人分别负责盯着一个碗。投票完毕，检票员当众数豆。最后由主持人宣布结果，共发豆329粒，实际收到326粒，候选人分别得豆131粒，106粒，89粒。得豆最多者当选村长。②

河北作家刘艺亭的散文《花中选花》中，是这样描写1947年农民选举农会代表的："选举方法也是经过大家讨论的。用选票，不会写字的人多，找人代笔感到拘束，就采用了投豆的办法。投豆前，由选举委员会宣布投豆规矩，让10个候选人各脱下一只鞋，放在自己的背后，叫会员把领到的6颗豆（一颗豆代表一个人）按照自己的意愿，投到自己要选的人的鞋里，谁鞋里的豆多谁当选。一个57岁的老会员投完豆后，长出了一口气说：'这回可随了我的心。'"③ 不知道这个细节是否确有其事，还是作家的艺术想象。但是不管怎样，这个方法倒是方便得很，人人穿鞋子，不用另外再去找碗了。如果真的发生在当代的话，最后计票时，数豆的人可能要捂鼻子了。

---

① 李春雷、李亮：《赤岸：邓小平在晋冀鲁豫》，205～206页，石家庄，花山文艺出版社，2004。

② 参见上书，205～206页。

③ 刘艺亭：《花中选花》，见《刘艺亭作品集》（第4卷），26页，石家庄，花山文艺出版社，1999。

新中国成立初期，伴随各地民主建政和各地普选人大代表，豆选等选举办法相当普遍，也成了文艺作品的一个丰富素材。

《在选举会上》是这样描写的："孙菜园选举人民代表是采用的投豆选举法，在冬学的大院子里，摆着一排桌子，一行凳子，各个选区提出的候选人坐得整整齐齐，每个候选人的背后扣下一个碗，让大家无顾虑地来进行选举"[①]。主持人向群众发放豆子后，按秩序一个一个投豆。有趣的事发生了。某个选民从某个候选人前面拨开人缝，挤到他后面去。这个候选人转一下眼，想看这个选民是不是投给他，别的候选人马上警惕地制止他不许回头看。还有个怕得罪人的老奶奶，在投豆的时候，"把每个人的碗都掀一掀，向里伸伸手，好让别人看不出来她选谁不选谁"。投完了，别人问她选的谁，她也不说。人们投完豆，散到一旁谈话，议论谁可能得票多。检票人数到农会主任背后，掀开碗一看，豆子很多，就分两起数，总共 258 颗。[②]

有篇作品描写好干部焦裕禄召开贫雇农会，组织农民选贫农团。他对大家说："谁能为贫雇农办事，带领大家闹翻身，就选举谁当头头。""在关帝庙的广场上，参加贫农团的几位贫农，每人都领着几户贫雇农户主，先后来到关帝庙前的广场上，各人找一个位置坐下，交头接耳，小声议论。工作队的同志在维持着会场的秩序……焦裕禄把前一天参加贫农团骨干会的十多位老贫农作为候选人，让他们排成一行，

---

① 方立：《步步登天》，50 页，北京，工人出版社，1951。

② 参见上书，50～58 页。

面朝一个方向，就地盘腿而坐。张二亮在每个候选人背后各放一个碗。会场当中一张破桌上，放着一碗黄豆。参加会议的贫雇农每人捏一粒黄豆，从候选人背后走过，把黄豆粒丢在自己最信任人背后的碗里。丢豆结束后，焦裕禄面对群众揭晓：数刘长春背后的碗里豆粒最多。焦裕禄宣布：刘长春当选为贫农团主席，其他都是委员。”①

有的作品描写了人民公社时期豆选乡代表、生产队会计、主任等的情形。《父亲那举足轻重的一“豆”》一文的作者回忆，在他8岁时，社员以户为代表，到大队开会，往两个候选人背后的盆里丢豆，从中选一人为乡代表。投票是公开的，每个人得了多少票全场几百人都知道。轮到作者的父亲投豆时，两个候选人得票一样，都是274票，他这颗豆投给谁将决定胜负。在众目睽睽之下，这个平时明哲保身的人承受了很大压力。② 假如是秘密投票，他就不必忐忑不安了。另有一篇散文，描写1958年某生产队选会计，大队党支部副书记与生产队委们坐在场院，保管员拿记工簿点名，86个社员全到了。按支委决定的选举办法，先民主提名，大家提出了三个候选人。然后每人发一粒豆，在候选人背后各放一个饭碗，同意哪一位就将豆放在那人背后的碗里。大家一个接一个投，不许交头接耳。投豆用了五分钟。副支书写好三个候选人的名字，叫队长分别放进各人的碗中，让保管员和民兵排长统计碗中豆，当场宣布得票多的人当选。③ 另外，1960年在一

---

① 屈春山：《人生楷模焦裕禄》，55页，石家庄，河北人民出版社，1997。

② 参见葛清溪：《父亲那举足轻重的一“豆”》，见 http://cn.reuters.com/article/columnistNews/idCNChina-2543420081013，2008-10-13。

③ 参见傅国文：《难忘的投豆》，载《农村财务会计》，1997（6）。

个六百多口人的村成立人民公社的时候，社员们召开选举大会，投豆选举管理区主任。①

在选举形式化的时期，豆选和其他选举方式一样，曾经是走过场。但改革开放后，中国社会发生了很大变化，有的地方人们又开始重视选举了。记者南振中写到，“拿选干部来说，前些年，虽然也让社员填票、丢豆，但多数是选举之前上边就‘内定’好了的。当干部的，只要听上边的话，‘乌纱帽’就丢不了。如今，社员觉得自己摊了一份钱，总想挑选最能替大伙办事的人当干部。那些不替大伙办事，或缺乏办事能力、事情办得不好的干部，很难得到社员的选票”②。

谢璞的《狭关行》所描写的豆选，进行的过程相当认真。“我在并不宽敞的大队会议室亲眼见到几十名干部和党员参加选举。”③ 组织部门打算让一个人缘不太好的傅某来狭关公社工作，组织部长先征求狭关大队和生产队及全体党员的意见，并让群众投票表决。有资格参加选举的有 94 人，那天 90 人到了大队会议室，每人从组织部长手里领一颗黄豆。部长对大家说：“如果欢迎他来你们公社工作，就把豆投进量米的雕花竹筒升子里，如果不欢迎，投票人有权把豆子装进自己的衣口袋里。大家实事求是，不要讲情面……竹筒升子上贴着一张小红纸，上面写着八个醒目的字：‘民主议干万勿大意。’”④ 二三百村民在会议室外张望，傅某在房间的角落等投票结果。预定十分钟投票结束，但是到了预定时间，竟然

① 参见浩然：《新春曲》，63 页，北京，中国青年出版社，1960。

② 南振中：《南振中作品选》，34 页，北京，新华出版社，1996。

③④ 谢璞：《狭关行》，载《榕树文学丛刊》，1979（1）。

没有一个人投票，只好宣布零票。最后，傅某投了自己一票，他把一个写了“酒”字的黄豆投进竹筒升子，并做了一番演讲，承认自己以往的错误，表示要利用当过酒厂学徒的经历和对酒的了解，帮助公社发展酒业。于是大家又纷纷投豆，他得了全票。[①]

张贤华的《小镇的墟天》中提到，那两年镇里推行联产责任制，“又要往碗里丢豆豆，挑大队长了”。“如今上级发下话来，众人的事众人作主，不能一人说了算，大小菩萨一般高啦！隔壁斜土大队硬把大队长拉下了马。”[②]

张一弓的《最后一票》描写了赵家堡公社人民代表大会选举公社社长，王老汉被全大队五百多位公民选为代表，去“画圈”。据说村民选他，是因为这位“老农协”曾经代表村里去丢豆，“一豆定乾坤”。“那是土改复查结束那一年，民主建政，选举乡长，他这个农协委员，代表全村农会会员去选举。选举会场设在乡农民协会——一座刚没收的地主庄院大门前的石台阶上。乡长的候选人，是乡农协主席王盛和副主席李清。他俩脸朝里坐着，背后摆着一张桌子，一人背后搁一个青釉大瓷碗。每个选举人都发了一颗大青豆，想选谁就往谁碗里丢个豆。”[③] 那个副主席候选人比较有人缘，很多人向他碗里丢豆。那个主席把身子侧过来，这样每个走上台阶的选举人，都要跟他打个照面，碰上他的目光，有些人又拿不定主意了，不愿伤了两家人的和气，只好向他碗里丢豆。

---

① 参见谢璞：《狭关行》，载《榕树文学丛刊》，1979（1）。

② 张贤华：《炊烟升起的地方》，5～6页，9页，福州，福建人民出版社，1984。

③ 张一弓：《最后一票》，载《文汇月刊》，1981（12）。

投豆是公开进行的。因为周围台阶下暗自在心里查数的人发现，二人的豆数迅速接近，忽然人们传告“平了”。最后，那个王老汉把关键的一豆投给了受人欢迎的副主席，才产生了一个令众人满意的选举结果。①

马德清的《诺日河》描写了一个选村委员会主任的场面。两只小木盒子里分别装着黑色和白色的大豆，每人发一粒白豆和一粒黑豆。黑豆代表一个候选人，白豆代表另一个候选人。想选哪个人，就把豆丢在一个大木碗里，每人只能丢一颗，丢黑、丢白自己决定。丢完数豆，多者当选。“这样选，既发挥了民主权利，又不伤面子。”村民们在乡长指挥下排起队领豆，再逐个走过去丢豆子，然后乡长在人们的包围中数豆子。②

车弓的《名利圈》这本小说中提到新中国成立后村里多次豆选，村支书为了不下台，多次做手脚。“年初选举支书，那些造过反的小子原是想赶我下台，可我愣是不让，串通队里的党员在丢豆（投票）时做了手脚。我让党员继续选我。”③ 后来又改选党支部，这人还要如法炮制，说：“还是丢豆吧！丢豆保险。……在竹筒子里写上候选人名字，全队21个党员，每人排队往竹筒丢豆，谁豆多谁就当书记。”别人识破了他，反对到，“你解放后每次玩花样丢豆欺骗组织。这些党员都是你发展入党的，当着你的面谁敢不丢你的豆？弄来弄去还是你当书记”④。

① 参见张一弓：《最后一票》，载《文汇月刊》，1981（12）。

② 参见马德清：《诺日河》，109～110页，北京，作家出版社，1999。

③ 车弓：《名利圈》，16页，北京，作家出版社，2002。

④ 同上书，38页。

曹征路的《豆选事件》中提到“豆选就是都选”，“村长是大家选的，大家不拥护，他就不能当村长”。办法是“一个候选人名字搁一个大碗，你高兴选哪个，就在他碗里丢一颗大扁豆，旁人都看不见”[①]。

李洱的《石榴树上结樱桃》提到老电影《平原游击队》，“里面的一个游击队员说，人民群众手里握了两把豆，一把是红豆，一把是黑豆。谁给人民做了一件好事，群众就会往他的屁股后面放一粒红豆；谁欺压了人民，群众就会往他屁股后面放一粒黑豆。不怕当下闹得欢，就怕将来拉清单。到时候红豆黑豆一数，你是好人还是孬种，那是一目了然啊”[②]。小说还通过当代的一次豆选，引出了山西在阎锡山时代就搞过豆选的故事。“到了选举的时候，庆茂就向当时的村委提了个建议，村里不识字的，就不要填选票了。赞成谁当村长，就往投票箱里塞一粒红豆，不赞成的就往里面塞一粒黑豆。村里辈分最高的孔继生，早年在山西逃荒的时候，参加过阎锡山搞的选举。他说，这叫‘豆选’，阎锡山当年搞的就是‘豆选’。”[③]

小　结

以豆选为题材的艺术作品流传至今，成为民族群体记忆里的美好回忆。豆选之所以受到人民的喜爱，是因为在传统中国社会，没有受过教育的大众是没有什么发言权的。“万般皆下品，唯有读书高”，“学而优则仕”，国家和社会的控制权被少数有文化、有权力的精英包揽了，成为维护少数当权者

① 曹征路：《豆选事件》，载《上海文学》，2007（6）。

②③ 李洱：《石榴树上结樱桃》，北京，北京十月文艺出版社，2008。

利益的工具。豆选成功地给予人民冲破文化局限和政治局限的机会。一粒豆，就是一张选票，它表达的是一种民主的精神，它使广大不识字的群众有了参与政治的机会，能用手中的选票表达个人的意见，让人民有了当家作主的机会。

中国共产党自成立以来就很注重选举，为了动员中下阶层的群众参与政治，逐渐摸索出多种改善豆选的办法，让不识字的群众也能选出他们满意的候选人。在下一章，我们将详细介绍共产党是如何用豆选的方式来发展基层政权的。

第二章　豆选与基层政权建设

自古道，得民心者得天下。共产党能够打败国民党，一个重要的原因是共产党赢得了民心。要得民心，除了有鲜明的主义，还要有灵活的手段和聪明的方法，这其中包括共产党进行“真选举”。一方面，放宽投票权，让大部分的民众有了参政权；另一方面，采用豆选的方式让不识字的群众也能自由表达意愿，参与当地事务。如此一来，共产党能顺理成章地高举民主的大旗，赢得了民心，也取得了农村基层的治理权。有了民心，军事上也能由弱变强，进而实现“枪杆子里面出政权”。

自1931年中华苏维埃共和国成立以来，共产党就开始用民主选举的方法来建立政权的合法性，争取群众的支持。起初，举手是主要的方式。到陕北后，采用豆选才多起来。据说，这源于1936年担任办事处内务部部长的谢觉哉在延安三台区麻子沟乡试验乡选。当时，为了做到无记名投票，仅规定采用票选。然而由于许多村民目不识丁，双手划不了“八字”，无法填写选票，谢觉哉便与群众想出了一个简便易行的好办法，给每一个候选人姓名旁边放一个粗瓷碗，由监票人念名字，村民同意谁当选就在谁的碗里投颗豆子，以顶替投票。①

在抗日战争时期，共产党在各根据地以民主运动为号召，发动人民，对抗国民党。“1939 年 11 月，蒋介石玩弄政治欺骗，提出要实行宪政。宪政，就是民主的政治。当时毛泽东把这一口号接过来，变成了启发人民觉悟，向蒋介石要求民主自由的武器。延安和敌后各根据地，都成立了宪政促进会，轰轰烈烈展开民主政治的宣传，明确了根据地政权建设的方针（抗日、民主，缺一不可），使根据地政权工作进入了一个新的阶段。从这时起，抗日根据地，才被称为抗日民主根据地；抗日政府，也被称为抗日民主政府了。”② 因此，伴随着各根据地的民主建设，豆选也成为一种非常流行的投票办法。

随后在解放战争时期，为了打垮国民党、建立和巩固新政权，共产党在解放区实行包括豆选在内的多种投票方法。以当时的安东省为例，1946 年安东省副主席刘澜波接受采访时说，“去年省人民代表会议就决定了要实行民主、成立参议会、改选各级政府……现在各县都成立了县参议会，选举了县行政委员会和县长。省市也是这样，我们的政府从成立第一天起，就是老百姓选举的。这是安东有史以来的新纪元”。当被问道：“在很短的时间内，怎样进行选举呢”？他回答：“时间不在乎

① 参见邓文扬、徐建全：《中国共产党优良传统手册》，195～196 页，北京，海洋出版社，1991；姜永明：《谢觉哉与麻子沟选举》，载《延河文学月刊》，2007（7）。

② 杨居人：《拂晓报史话》，91 页，北京，新华出版社，1987。

长短，主要的要看有没有决心去实行民主，如果有决心，就能办，一次比一次会办得更好。”又问：“人民文化水平比较低下，进行选举有什么困难吗?”他说：“困难是有的，但不是不可以克服的。在选举方式上就得照顾人民的文化水准问题，我们选举采用了三个方式：举手，投票，投豆。……识字有识字的办法，不识字有不识字的办法。……说什么中国非要进行长时期训政，不能实行民主，要一个人去独裁，这种说法，在安东就被充分证明是错误的、没有根据的。”①

新中国成立后，豆选不仅没有消失，反而更加普遍。在成立农会、进行土地改革、建立新的人民政府等过程中，很多地方都用豆选处理这些涉及人民切身利益的问题，以达成少数服从多数的公决，让基层群众实现了当家作主的愿望。

但到了 20 世纪 50 年代中期以后，由于国内政治形势的改变，民主化式微。正如邓小平 1978 年所说，“在过去一个相当长的时间内，民主集中制没有真正实行，离开民主讲集中，民主太少”②。但随着 1979 年《中华人民共和国全国人民代表大会和地方各级人民代表大会选举法》的重新修订和 1987 年《中华人民共和国村民委员会组织法（试行）》的通过，改革开放得到深化，选举再次成为一个热门话题，有些人又忆起当年豆选的种种好处。

在这一章，我们研究中国共产党在发展的各个时期如何利用豆选等民主方法建立和巩固基层政权。附录中提供了我

---

① 周而复：《东北横断面》，58～62 页，香港，今日出版社，1946。

② 邓小平：《解放思想，实事求是，团结一致向前看》，见《邓小平文选》，2 版，第 2 卷，144 页，北京，人民出版社，1994。

们研究中引用的各时期豆选实例的文献来源。

一、中华苏维埃共和国时期

1928 年 6 月，中共六大在莫斯科召开，通过了在中国建立苏维埃政权的决议案，指出苏维埃应在劳动群众直接选举的基础上组织起来。苏维埃是俄文“cobet”的音译，意思是“会议”或“代表会议”，是俄国工人在革命时期创造出来的一种领导群众进行斗争的组织形式。[①] 中华苏维埃政权于 1931 年 11 月 7 日在江西省瑞金县叶坪村成立。时任江西省苏维埃主席的曾山和中共瑞金县委书记的邓小平，带领人民在村北的树林中开了一大片广场，筑起了一座红军检阅台。当天早 7 点，毛泽东等检阅了红军，彭德怀任阅兵指挥。14 点，中共苏维埃第一次全国代表大会在谢氏礼堂开幕，600 多名来自各地的苏区和红军的代表参加了会议，大会选出了 37 人组成的主席团，毛泽东为中华苏维埃共和国写下著名的题词：“苏维埃是工农劳苦群众自己管理自己生活的机关，是革命战争的组织者与领导者。”[②] 大会选举产生了由 63 人组成的中央执行委员会，为中华苏维埃最高权力机构，中央执行委员会选举毛泽东为主席。

1931 年 11 月，中华苏维埃共和国临时中央政府成立后，中国共产党开始有组织地推行选举。“从 1931 年 11 月到 1934 年初，苏维埃政府共进行过三次选举。第一次是 1931 年 11 月中央政府成立后，第二次是从 1932 年 9 月 20 日中华

① 参见贾可卿：《政权——人民共和国的雏形》，5 页，南昌，江西高校出版社，2009。

② 同上书，33～34 页。

苏维埃共和国中央执行委员会发布《关于继续改造地方苏维埃政府问题》的第十五号训令开始，到年底基本结束。此次选举旨在改造各级苏维埃，建立强有力的苏维埃政权，选举是以县为单位个别进行改选。第三次选举从1933年8月逐渐展开，到1934年1月召开中华苏维埃第二次全国代表大会结束。这次选举从乡、市苏维埃一直到中央执行委员会，全部进行改选。”①

毛泽东为中华苏维埃共和国写的题词

苏区一大（1931）

图片来源：中央电视台《复兴之路》节目组：《复兴之路（上册）》，226页，北京，中国民主法制出版社，2008。

---

① 张正光：《民主革命时期中共政权选举制度述论》，载《中共党史研究》，2008（4）。

苏维埃共和国时期选民证一：
1933 年江西省杨殷县咸潭乡
选举委员会颁发

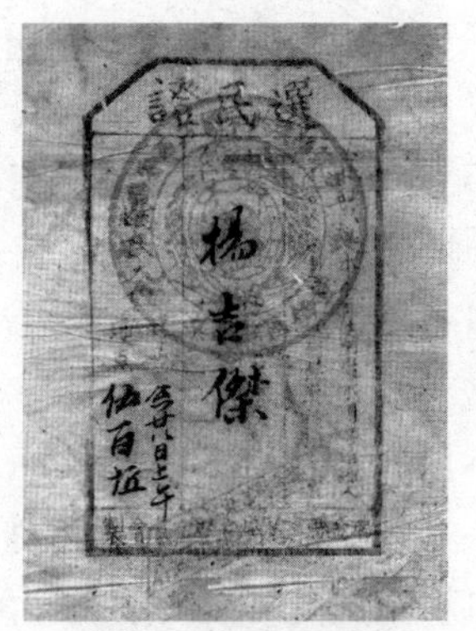

苏维埃共和国时期
选民证二：江西瑞金县

《中华苏维埃共和国选举细则》（1931）第 31 条规定，“选举不用书面投票，而以举手来付表决，以举手多数者当选”①。《苏维埃暂行选举法》（1933）第 15 条也规定，“选举不用书面投票，而以举手来付表决，举手多数者当选”②。这两个法规都没有提到豆选，但是有些人回忆那时曾经有过豆选。

在《革命的底层动员——在才溪读〈才溪乡调查〉》一文中，作者记载了他于 1999 年走访福建省上杭县才溪乡的见闻。一位 83 岁的老红军林攀阶回忆，1933 年才溪乡以村为单位进行乡苏维埃代表选举时，“像我们所在的下才溪发坑

① 江西省档案馆、中共江西省委党校党史教研室：《中央革命根据地史料选编（下）》，182 页，南昌，江西人民出版社，1982。

② 韩延龙、常兆儒编：《中国新民主主义革命时期根据地法制文献选编》（第一卷），156 页，北京，中国社会科学出版社，1981。

村，要从十个候选人中选出五个代表。男的都当红军去了，选民尽是老人、妇女。临投票时，让这十个人站成一排，背着手面向墙壁，每个人后面各摆一个碗。每个选民分五颗黄豆，同意选谁当乡苏维埃代表，就往谁的碗里放一颗。得黄豆最多的五个人就是获选代表”[①]。我们不知道这位老红军的记忆是否正确，因为根据《苏维埃暂行选举法》(1933)，“选举不用书面投票，而以举手来付表决”。

井冈山区的横峰县清湖乡，曾是土地革命时期闽浙赣省苏维埃机关驻地之一。在1954年9月15日《人民日报》的一篇文章中，根据当地一些人的回忆，红色政权时期“选举代表也是先由群众团体提出候选人，经过选民反复讨论评比，在好的当中挑选最好的人。选举的方法用过豆选，也用过其他民主方式。这样美好的日子在红军北上抗日以后，就被国民党反动派扼杀了”[②]。同样地，这种追忆式的证据的真实性如何，我们不得而知。

另有一种说法是谢觉哉等人在延安创造了豆选法。“1935年11月中华苏维埃人民共和国成立临时中央政府西北办事处，谢觉哉任办事处内务部部长。翌年6月中共中央和西北办事处机关由延安的瓦窑堡迁到保安（今志丹县），谢觉哉参与领导县、乡两级政府的民主选举，创造了‘投豆子选举法’，使不识字的农民都能行使自己的民主权利，后在苏区全面推广。”[③] 何正付的文章引用《谢觉哉传》，

① 吴重庆：《革命的底层动员——在才溪读〈才溪乡调查〉》，载《读书》，2001 (1)。

② 孙祖年：《选举运动在江西》，载《人民日报》，1954-09-15。

③ http：//baike. baidu. com/view/443899. htm。

提到“谢觉哉亲自负责组织了以保安县为试点的，陕北地区有史以来第一次直接、平等、普遍、无记名的选举工作，并且针对当地居民大多不识字的情况，发明了‘豆选’的投票方式”①。

二、抗日民主根据地时期

1. 陕甘宁边区

谢觉哉在延安

1937 年 9 月 6 日，随着国共合作抗日局面的形成，原陕甘宁革命根据地的苏维埃政府（中华苏维埃人民共和国临时中央政府西北办事处）更名为中华民国陕甘宁边区政府。虽然谢觉哉在 1936—1937 年已经在实验和推广豆选，但是边区最初的选举法规中，并没有将“豆选”这种操作办法写进去。例如《陕甘宁边区选举条例》（1937）② 和《陕甘宁边区选举条例》（1939）③ 中，都没有明确提及豆选。在边区政府颁布的文件中，较早提到豆选的是 1942 年 5 月的《〈陕甘宁边区各级参议会选举条例〉的解释及其实施》。“我乡不识字的很多，现在要投票，那不能写的怎样办？选举委

---

① 何正付：《抗日战争时期谢觉哉的乡村民主政治思想》，见《谢觉哉传》编写组：《谢觉哉传》，87 页，北京，人民出版社，1984。

② 参见韩延龙、常兆儒编：《中国新民主主义革命时期根据地法制文献选编》（第一卷），194～199 页，北京，中国社会科学出版社，1981。

③ 同上书，203～207 页。

员会答复，我们早已估计这点。不能写票可以用‘投豆子’或举手的办法。不过豆数和手数要数的清楚，要在记录本上载明。”[①] 在当时，投豆是补救代写之不足。“投票时碰到不识字的难题，开始我们是组织识字的人，帮助投票人在选票上用香火在被选人名字上烧个窟窿，后来觉得这种办法费时费力，经过群众议论，改为投豆豆的办法，即候选人坐成一排，每人背后放一个碗，选举人列队，手拿和应选人相等数的豆豆，在候选人背后走过时，想选谁就在谁碗里轻轻放上一颗豆豆。这样，选举的队伍走完了，选举结果也就出来了。这个办法很受欢迎。”[②]

当时对各种投票方法的认识是：“‘投豆子’最适合文化水平低的地区，计票明白不混杂，选民也容易‘解得开’，在乡市选举很合适。县选边区选要保证选民多数能投票，就不如‘背箱子’。还有一点，‘投豆子’不能做到如票选之‘秘密’，个别选民会因碍于‘情面’，不想选某人，而又不得不给某人投了豆子。”[③]

虽然政府文件里到 1942 年才提到豆选，但在此之前有些

---

① 韩延龙、常兆儒编：《中国新民主主义革命时期根据地法制文献选编》（第一卷），238 页，北京，中国社会科学出版社，1981。

② 丁雪松、丁汾、鲁燕：《在“三三制”抗日民主政权选举中经受锻炼——回忆女大绥、米选举工作团》，见纪念延安女大五十周年筹委会编：《延安女大：纪念延安中国女子大学建校五十周年（1939～1989）》，121 页，延安，纪念延安女大五十周年筹委会，1989。

③ 《〈陕甘宁边区各级参议会选举条例〉的解释及其实施》（1942 年 5 月），第 6 章第 18 条，见蔡鸿源主编：《民国法规集成》（第 71 册），285～286 页，合肥，黄山书社，1999。

县可能已开始使用豆选。以甘陕交界的新正县为例①，1941年新正县的参议会开始实行“三三制”，至1946年共召开参议会5次。“‘三三制’的选举方法有5种。一是举手表决，首先通过酝酿提出候选人，再由选民或议员举手表决；在乡、村选举中多采用此法。二是投豆，将候选人的名字贴在碗上，由选举人将豆投在自己同意当选的人的碗内，谁得豆多谁当选；乡级选举，特别是选乡长时比较慎重，多采用这种方法。三是烧孔，由选举人持香在被选举人名下穿孔，谁孔多谁当选。四是票选，县参议会选举，一般都采用投票的形式。五是聘请，有的乡长或议员被罢免，因工作调动自然减员，或者上级物色的人落选，在这种情况下，采取临时聘请的办法予以补充。”②

可能在那个时候乡长不一定是好差使，有些当选人不愿接受选举结果。“选举中的笑话很多，最坏的如二区一乡，选出参议员后，即在雷庄召开议员大会……票最多的任乡长，次多的4名任政府委员（实质上等于5个乡政府委员实行分工，因候选人与应选人是一样多）。投豆选举结果，田有才票最多，其次是张益邦，再次是张清珍。田有才已经当了一年多乡长，家中离不开，又嫌事情麻烦，贵贱不愿再当了。连选上后，气得在会场上一声喊：‘这弄不成了。’就跑出门跳崖

① 新正县是1935年8月由共产党陕甘边南区委员会和南区革命委员会成立的。当时划甘肃省正宁县与陕西省旬邑、邠二县接壤的地区各一部分设置新正县，辖9个区37个乡，与国民党正宁县并存。11月，均更名为苏维埃政府。1937年国共谈判后，该县减为28个乡。1949年6月，陕甘宁边区完全解放后又有调整。

② 《新正县“三三制”民主政权建设情况》，见中国人民政治协商委员会正宁县委员会文史资料委员会编：《正宁文史资料选辑》（第1辑），81页，1997。

（崖并不太高）。张益邦看见了，赶快去拉，结果也带下去了（据说是有意的，因他是票次多的），幸都未出意外。后张益邦上崖来大骂说‘把我气坏了，我们杨坡头都是姓张的，为什么都合起来搞一个姓田的，如果是有利的事，恐早轮不到姓田的头上了’，于是乡长落到第三名张清珍的头上。”①

到了 20 世纪 40 年代中期，选举在延安已经相当普及了，而且豆选的方法也是多种多样的。黄齐生的《延安选举见闻记》中，对豆选有很深刻的记录。他曾两次到延安，第一次是 1937 年冬至 1938 年春，住了 4 个月，对选举“观察未深”。1945 年 1 月，他第二次到延安，在那里住了一年两个月，对当时的选举有很深入的观察。根据他的观察，“每村选民可以自由提出候选人，但所提不得超过规定应选之数。选县议员系由各村十人连名提候选人一人。选边区参议员每 20 人提 1 人。除人民直接提出外，另由政党和群众团体，按法定提出。被选举人的标准有四：一、共道；二、和平；三、能办事；四、腿勤（能跑路）。然而不选的标准却有五种：一、二流子（好吃懒做的人）；二、抗上压下；三、木头人；四、口是心非；五、自私自利”②。

他总结了选举时所用的四类投票方法。（一）投票。这是普遍知道的。（二）投豆。不能执笔写字的男女选举人而用，其法多样。（三）香点。此将名单印好，欲举何人，用香头燃

① 《新正县实行“三三制”民主政权概况（1944 年 11 月 20 日）》，见中共庆阳地委党史资料征集办公室：《陕甘宁边区时期陇东民主政权建设》，639 页，兰州，甘肃人民出版社，1990。

② 黄齐生：《延安选举见闻记》，载《贵州文史丛刊》，1981（1），原载《民主》，1946-03-30。

点其下，此法很少用。（四）举手。此法已失败，不复用。（五）背箱子，因投票人年老或有病，不能到场，主事者特制一箱，令人背往受票。

他列举了两种投豆办法。“一、用碗承受者，譬如候选人四名，为赵钱孙李，今用红黄蓝白四种颜色豆子作代表，红代表赵，黄代表钱，蓝代表孙，白代表李。经由监督选举详为说明。于此，更说明当选之人只有两名，则投豆者愿举姓孙的则投蓝豆，举姓赵的则投红豆。投时务令人不知其投哪一个，以免招忌招恨。二、用袋子承受者。候选人如上数，用红黄蓝白四个袋子作代表；豆子通通一样颜色。假定四色袋子，仍代表赵钱孙李四人。当选之人仍为二人，则愿意姓钱的当选者，投黄袋子；愿意姓李的当选者，投白袋子。但有一点，须注意！投豆之人，要向四个袋子，都作投豆状，使观者不知其所投者为红为黄为蓝为白，仍然为的是免受别人忌恨，尤其土豪劣绅。”[①] 可见，那时人们就已相当地注意秘密性了。

由于选举能够真正体现人民的意愿，于是人民有了积极性，开始认真地参政议政。在陕甘宁边区，“人民生活改善了，政治积极性更加提高了，加上上述的民主制度，人民就把选举运动认定是自己的事，不是旁人的事。……选民就绝大部分卷入了浪潮，他们有什么说什么，自由酝酿着候选人，没有因为亲戚朋友要私情的。在选举代表时，志丹、子长、曲子、环县等地区，就有 87%的选民投了票。这只是平均数，最高的是 96%，就是 100 个选民中有 96 个投了票。他

① 黄齐生：《延安选举见闻记》，载《贵州文史丛刊》，1981（1），原载《民主》，1946-03-30。

们从自己的经验中证明坏人可以选掉，不要怕；好人也会有缺点的，但好人的缺点确实是在诚心诚意地改进。所以他们就大胆地批评坏人，不给他投豆子，善意地批评好人的短处和赞扬他的长处，却仍旧选举了他，从而新选出许多新的好人。因此，乡代表会也就活跃了，如延安县李家渠乡代表会第一次开会时就通过了三个提案，一个是在一条要路上修座桥，一个是要立个市场，一个是要建立治安小组。这些提案在乡政府领导下很快实现了”①。

“豆豆选”，边区百姓选举政府官员。

图中一排碗是紧密地一个挨一个摆放的。图中有两个男人似乎都要把豆投到一个女人正在投的碗里。这个投票场面对于投票人来说是公开化的，他们知道谁投了谁。

图片来源：《山丹花开》（下），载《北京日报》，2006-10-19。

① 李鼎铭：《边区人民的伟大胜利——关于选举工作的报告（一九四六年四月六日）》，见《陕甘宁边区政权建设》编辑组编：《陕甘宁边区参议会（资料选编）》，545～546页，北京，中共中央党校科研办公室，1985。

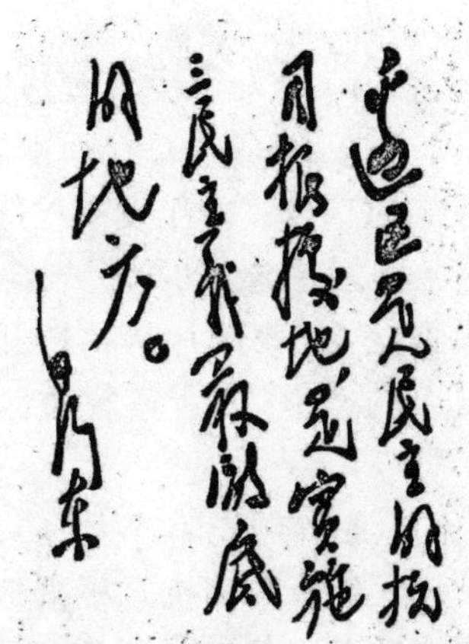

毛泽东题词：边区是民主的抗日根据地，是实施三民主义最彻底的地方

图片来源：齐礼：《陕甘宁边区实录》，延安，解放社出版，1939。

图说中国“豆选”

图片来源：http：//www.my1510.cn/article.php? id=6947a15ca77f80a1。

2. 晋察冀、晋冀鲁豫边区

1938 年 1 月 10 日，“晋察冀边区军政民代表大会在河北阜平召开，出席会议的有共产党员、国民党员、各抗日军队和抗日群众团体的代表，工人、农民、开明绅士和资本家的代表，蒙、回、藏等少数民族的代表，以及五台山寺庙的和尚、喇嘛等 140 余人，代表着边区 30 余县的广大民众。会议经过民主选举，成立了晋察冀边区行政委员会”[①]。当年春天发布村选令，次年发布村选指示，1940 年又发布边区暂行选举条例。在选举办法上规定，用直接、平等、普选制、无记名投票法。[②] 普选是从村选开始的，然后进行区级、县级和边区级的选举。[③] 晋察冀边区也有很丰富的豆选经验。

陈晨是一位中国电影界的先驱，大约 1938 年秋，他为了拍摄军民抗日纪录片，到晋东南抗日根据地的中心长治。他发现这里的人都为抗日组织起来了，各乡都有农救会、妇救会、儿童团、民兵和识字班。许多老百姓还是文盲，但是几乎人人都能讲抗日和民主的大道理。“有一次，我到一个乡，正巧遇上他们选举乡长，因为许多人还不识字，他们就拴一根绳，绳上贴几张纸，每张纸上写一个候选人的名字，前面桌上点一支香，选民鱼贯走到候选人的名字跟前，拿香在手，由主持人告诉他们候选人的名字，他们同意谁当乡长就在谁的名字周围用香火烫个小孔。最后，纸上小孔最多的人就当选为乡长。”[④] 他还看到另一次乡选，“他们不是用点香，而是用投豆的办法，在每个候选人名字前面放一个碗，选民愿意选谁就把豆子投到谁的碗里。我看到老乡们在选举自己的

---

① 《红色记忆：晋察冀抗日根据地》，载《人民日报》，2007 - 04 - 21。

② 参见谢忠厚：《晋察冀边区抗日民主政权的创建和特点》，载《河北学刊》，1992（2）。

③ 参见彭真：《关于晋察冀边区党的建设和各项具体政策的报告提纲（1941 年 9 月）》，见中国人民解放军政治学院党史教研室：《中共党史参考资料》（第九册），北京，人民解放军政治学院党史教研室，1979。

④ 陈晨：《忆〈华北是我们的〉拍摄经过》，载《电影艺术》，1961（5）。

乡长时，十分严肃认真，他们不论青壮年，不论老头老太太，也不论拉着、抱着娃儿来参加选举的妇女，都是左思右量，有时跟旁人议论再三，才把豆子投进某个候选人的碗里。……这种朴素的、然而是真正代表民意的选举，使我十分感动”①。

原中国人民解放军海军政治学院政治委员魏艾民回忆，1940年前后，内黄县某村选举。“那时，本人是一个孩童，被派给选民发豆，感到很得意，干起来十分认真。事先总是把豆捡了又捡，把那些粒圆、色正、大小适中的挑出来作选票。豆选，也大有学问。有的选举人，不愿让人知道自己选了谁，就在每个候选人背后的碗里，都作丢豆姿势，而实际丢的，当然只有一次。而有人想让人知道选了谁，就在丢豆时，往候选人头上拍一拍：‘喂，给你加一票!’……后来这种豆选范围不断扩大，如选妇救会、青抗先、自卫队的领导人，都用此法。”他提到作弊防弊之法，“这种选举形式，也逐渐暴露出一个意想不到的问题。一些人，怀着不同的目的，甚至搞点恶作剧，在豆选中做手脚，事先身藏大把黄豆，悄悄放在某个候选人碗里，使选举变味。为防这类问题发生，彩豆选适时登场。就是把作为选票的豆子，涂上红的、黑的或别的颜色。到时候每个选民发一粒，发现无色者，算废票。执行往豆上涂色任务的，又是我们这些少年。有时，实在弄不到颜色，就用锅底灰代之”②。

① 陈晨：《忆〈华北是我们的〉拍摄经过》，载《电影艺术》，1961（5）。

② 魏艾民：《豆选》，载《政工学刊》，2007（9）。

邵式平曾任新中国的第一任江西省省长，1940年任晋察冀边区五专区（平山专区）专员。他的同事唐铁田介绍，“（邵式平）在专员任内，做了三件重要工作，一是扩军，二是选举，三是准备反‘扫荡’”①。“有一天晚上，我们在灵寿县边沿区的一个村庄召开选举大会。该村距离敌人的据点不过二里路。会场上的灯光，敌人可以看得见；人们说话的声音，敌人可以听得见。敌人不断向我们放冷枪。虽然有区小队设好防线，但也应提高警惕，尽量把会开得简短一些。我们的选举用的是‘豆选法’，因为大多数选民都不会写字。我们在主席台上摆上几张桌子，桌子后面放上几条板凳，请候选人坐在板凳上，桌子上面在每个候选人面前放一个饭碗。给选民每人发一粒黄豆，选民排成一列长队，慢慢地从桌子前面走过……”② 这是一个战火中的豆选场面。

河北省涞水三区在1942年进行民主选举村政权，各级传达了《关于1941年村选及村建设的决定》、《晋察冀边区县区村暂行组织条例》。按北岳区党委指示，“自由竞选结束后即候选人酝酿成熟后，由村选举委员会主持召开选举大会。选举大会选举村民代表会和村公所之村长、副村长及民政委员会、财务委员会、教育委员会、建设委员会、地政委员会、调解委员会。选举用无记名投票的方式。因多数人不识字，

---

①② 唐铁田：《邵式平同志在晋察冀边区》，见中国人民政治协商会议江西省文史资料研究委员会：《江西文史资料选辑》（第20辑），15页，南昌，江西人民出版社，1986。

不会写选票。有的是由村统一制选票，盖有村里的公章交给选民，让候选人坐到前面，选民愿意选谁就给谁背后投票。有的村是用投豆的方法”[①]。

河北涉县位于太行山东麓，晋冀豫三省交界处。1942年，该县根据晋察冀边区下达的精简决定，归并县区级机关，精减上层及事务人员，加强基层和村政工作。当时“各村进行了投票（投豆）选举。村委会只设村长一人（大村设村副）。民教、财粮、抗勤、生产、公安各1到2人，总共5到7人”[②]。“各村进行了民选。由农会提出候选人名单交群众讨论，然后召开大会进行投票（或投豆）或举手选举。选举后，各村设立村政委员会。”[③]

“1944年1月，冀热辽行署发出《一九四四年一、二、三月纲要》，对建设村政权工作进行部署后，在更大范围内，把伪保甲制度完全摧毁，普遍建立起单一的抗日政权。与此同时，在巩固的根据地内普遍建立村政委员会。已经建立的委员会也进行了改选，即采用民选法产生成员，组成民主的村政委员会。1944年，承兴密联合县县长江卓来到小黄崖搞民主建政试点。他在（河北承德）清水湖工作10余天，利用‘投豆选举’的方式，由群众直接选举村长、副村长和委员，

---

① 《涞水三区1942年的村选工作》，见中共涿鹿县委党史研究室编：《涿鹿党史资料汇编》（第一集），139～142页，涿鹿，中共涿鹿县委党史研究室，1990。

② 《偏城县正式诞生及其组织沿革》，见中国人民政治协商会议涉县委员会文史委员会编：《光辉的历程——偏城置县治始末》，59页，涉县，中国人民政治协商会议涉县委员会文史委员会，2002。

③ 同上书，226页。

产生了村政委员会，还选出了全区第一个女副村长，名叫玉臣。”①

从上述的素材和文献中，我们发现晋察冀边区在1938年成立不久就已出现豆选，到了1940年、1942年就更普遍了。晋察冀边区的豆选是由谁从哪里引进推广的？既然谢觉哉在1936年就已开始在陕甘宁推广豆选，一个可能是豆选是从那里传过来的。但很多文献提出聂荣臻是这个边区“发明”、“创造”豆选的关键人物。

聂荣臻当时是晋察冀边区行政委员会的委员，原来任晋东北区政治主任公署主任兼五台县县长的宋劭文担任主任委员。“为了建立既是抗日又是民主的根据地，边区广泛地开展了民主政治活动，进行区、村政权民主选举，逐步加强和改造了基层政权。聂荣臻经常和宋劭文等研究，确定改造原来的旧政权首先要发动群众。群众发动起来后，用各种办法检举基层政权中的不良分子，把压迫人民或不为人民办事的人都清除出去，然后选举能代表基本群众利益的人出来掌握政权。各地还实行各级人民代表会议制度，改革了政权机构。代表由村民大会选举产生。农民群众文盲多，投票选举颇为不便，他们就创造了在当时是极为民主的‘豆选’办法。就是候选人每人背后放一只碗，选民想选谁就往谁的碗里放颗豆子，最后以豆子的多少来确定选举结果。每当聂荣臻与别人谈起这些时，总是极为兴奋，

① 《三块游击根据地的建设》，见中共承德市委党史研究室编：《中国共产党承德历史》（第一卷），115～116页，北京，中央文献出版社，2006。

直到晚年他对此还津津乐道。”[①] 聂荣臻的遗物中有一个碗。“这只粗糙的瓷碗，是1938年晋察冀根据地村民用来民主选举村干部的所用之物，被当地老百姓亲切称为‘豆碗’。这只‘豆碗’，记录下了中国农民行使民主权利的简朴的方法。”[②]

简言之，以投豆评定人或事，是古老的文化传统，在中华苏维埃共和国和边区政府，豆选被发扬光大了，所以我们不必强调谢觉哉或聂荣臻是否“发明”、“创造”了豆选。但是，在选举过程中用“投豆子”这种方法，需要很多配套的步骤和程序，才能让选举结果真实地反映选民的心愿。虽然没有足够的史料来证明，我们认为谢觉哉和聂荣臻可能都对豆选的程序进行了改良，让“能代表基本群众利益的人出来掌握政权”，有功于豆选的推广。他们改良“豆选”的程序以适合边区的社会和政治环境，说是一种“创造”，可能也不为过。

3. 豆选在其他抗日根据地的推广

除了陕甘宁和晋察冀边区，抗战期间还有很多根据地也有很丰富的豆选实践和经验。接下来，我们以举例的方式来描述在中华大地上，共产党如何利用豆选释放农民的政治参与热情，如何用民主的手段争取地方政权。

---

① 魏巍、周均伦等编：《聂荣臻传》，237～238页，北京，当代中国出版社，1994。

② 李金明：《晋察冀军民征战纪实》，214页，北京，解放军文艺出版社，2002。其他还有一些文献提到聂荣臻等在晋察冀“创造”豆选法，如于德学、袁占先：《雄风：六十四军征战纪实》，168页，沈阳，白山出版社，2004；周均伦：《聂荣臻的非常之路》，49～50页，北京，人民出版社，2004。

据程墨之回忆，1939—1940年左右，她担任河南省南乐县第一任妇联主任时，“我们力量发展壮大后，国民党顽固派便与我们争夺群众，争夺村政权。由于我们发动群众比较普遍，又兼当时选村长一般是用‘丢豆’的办法，即每个候选人身后放一只碗，每个参选人手拿一粒黄豆，赞成谁就把豆丢到谁背后的碗中。识字不识字的都可参选。这样革命分子或同情革命分子的人往往当选。国民党虽另起炉灶，组织‘动委会’与我们争夺，但却没什么结果”①。

韶华回忆，担任冀鲁豫边区第四专署宣传队队员时，“第一次是50多年前在冀鲁豫边区抗日根据地某村选举村长。那时抗日根据地百分之九十的人是文盲，人们不会写票，便采取了在候选人背后放一只大瓷碗，选民则每人发两粒豆子。你赞成谁，就在谁背后的大瓷碗中丢下一颗豆子。那天要选正副村长2人，而候选人却达6人之多。当时，自然还没有制定选举法，但选举是民主的。选民的热情也很高，很珍惜这庄严、神圣的‘一豆’。有一件事情我至今还记得清楚：一个民兵战斗英雄，在投票之后晃着他手中的枪激动地说：‘为了投这个豆子，流血牺牲，值得!’”②

20世纪40年代初，女干部王瑞林任山东荣城县委妇委会组织委员，她“参加建立抗日民主政权的工作队，为解决群众文盲不识字的困难，他们创造了投豆选举法，即每一选

---

① 程墨之口述、王利中整理：《我当选南乐县第一任妇联主任前后》，见中国人民政治协商会议濮阳市委员会文史学习委员会编：《濮阳文史资料——第十二辑存稿选编之一》，202～205页，濮阳，中国人民政治协商会议濮阳市委员会文史学习委员会，2002。

② 韶华：《体验选举》，载《北京观察》，2000 (9)。

民发一粒豆子为选票，每一候选人有一个得票的碗，选民将选票豆投到要选的候选人的碗里，得豆多的人当选，群众很满意”①。

1940年秋，山东聊城八大寨一带被划为村政建设试验村。由县长领导县工作队，下设若干工作组，派到各个村去。工作组依靠党支部，先了解情况，制定村干部条件，开会宣传，发动群众讨论干部条件，然后酝酿村干部名单。经过多次商量后，确定若干候选人。“当时不少群众不会写选票，就用投放黄、绿、黑、红等各种颜色豆子的办法，投‘豆’表决，即一个候选人背后放一个碗，用一种颜色的豆子作标记，在选举时将代表他的豆子投到他的碗里，不赞成的不投豆”，选出村长和工农青妇各群众团体负责人，原来的村干部多数当选，有少数更换了。②

山东广饶县“根据县委1943年底的统计：全县根据地共有村政权213个。据分析，其中属于封建操纵的有122个，经过和平整顿的有77个，经过斗争改造的有14个”③。县委对于村政权采取了不同的办法。对于多数的村进行和平整顿，暂不选举。如果原来的村长本人情况尚好，办事尚公道，群众能信得过，经过教育继续留任，待条件成熟后再民主选举。

---

① 宋路霞：《记长期从事妇女工作的王瑞林》，见武善云等主编：《齐鲁巾帼》，172页，济南，黄河出版社，1998。

② 参见谭启明：《回忆聊南抗日根据地的一些地方工作》，见中共聊城市委党史资料征集研究办公室编：《聊城市党史资料》（第三期），234页，聊城，中共聊城市委党史资料征集研究办公室，1985。

③ 阳耕：《对广北县民政工作的回忆》，见中共广饶县委党史资料征集研究办公室编：《广饶党史资料》（第五辑），65页，广饶，中共广饶县委党史资料征集研究办公室，1989。

如村长太坏，有劣迹，工作不负责，群众反映大，则召开大会宣布撤掉。再由驻村干部推荐或由群众积极分子或开村民代表会提名，事先有酝酿，推选代理村长，待条件成熟再正式选举。另外，少数村是斗争改造，在减租、减息、反贪污、反恶霸等运动中，发动群众斗争民愤大的村长，再选新村长。“一般具备了民主选举的条件后，实行民主选举的办法是：召开选民大会（18 岁以上），提出村长候选人名单二至三人。候选人名单一般是在会前由群众团体与群众经过酝酿后再在会上提出通过的。选举采取的是‘投豆法’。当时群众文化低，多不识字、不会写字。他们便把候选人的名字分别写在几个投票箱上，在箱前放几个碗，碗中放一些豆子，代替选票。监票人（大部分是村群众团体代表，经大会通过产生）站在票箱旁边唱候选人名字，投票人依次从碗中取一粒豆子，投入所选的人的票箱中。最后，由监票人当众开箱计算‘票’数，最多者当选村长，次之为副。这种选举办法是相当民主的。……群众真有当家作主的样子，气氛非常热烈。运用这种方法进行改造的村政权，真正是抗日民主政权，在群众中威信很高。”①

山东莱州、平度、海阳、鄄城等地，在 20 世纪 40 年代初建立乡村抗日民主政府时，也有不少采用豆选等方法进行

---

① 阳耕：《对广北县民政工作的回忆》，见中共广饶县委党史资料征集研究办公室编：《广饶党史资料》（第五辑），67 页，广饶，中国广饶县委党史资料征集研究办公室，1989。

民主选举。[①]

湖北随州处于鄂豫边区前线。“1941年11月，鄂豫边区行政公署行政处处长娄光琦率领‘民主建政工作组’十余人和随南抗日民主政府共同组成十个‘民主建政工作队’到随州洛阳区洛阳乡进行‘民选’试点，选出乡人民代表，采取丢豆的办法，选举乡抗日民主政府领导成员。随后，向部分乡铺开。最后，有18个乡通过‘民选’产生了新的乡抗日民主政府，占全县26个乡的70%。”[②] 另外，工作组还用丢豆选举的方法，选举成立随南县抗日民主政府，包括县长、副县长及民政、财政、建设、教育4个科长，管辖洛阳店等4个区的17个乡政权。[③]

通过《拂晓报》的报道，我们对淮北各县、区、乡的选举情况，如淮宝县民选县长、泗南双沟区、泗宿归仁区等地的民主选举，有了些认识。“1943年，淮北各地实行民选，人民群众行使了当家作主的权利，选举自己信任的人，当县长、区长、乡长。……淮北的乡选工作，进行得轰轰烈烈、

① 参见中共菏泽市委党史委：《开拓者的足迹——记抗日战争时期段君毅同志的革命事迹片段》，见中共云南省委党史研究室编：《光照千秋——冀鲁豫党史资料选编之十二》，76～77页，昆明，云南民族出版社，2006；《鄄北试点》，见中共濮阳市委党史研究室编：《身负大任的段君毅》，161页，北京，中共党史出版社，2003；山东省莱州市志编纂委员会编：《莱州市志》，463页，济南，齐鲁书社，1996；魏景瑞、陶洪信、杨新民编：《平度县志》（第5编），116页，平度，平度县地方史志办公室，1987；海阳县民政志编纂小组编：《海阳县民政志》，418页，海阳，海阳县民政志编纂小组，1987。

② 胡立志：《随州抗日民主政权及其特点》，见中共随州市委党史资料征集编研委员会编：《烽火白兆山》，179页，随州，中共随州市委党史资料征集编研委员会，1984。

③ 参见上书，171～179页。

扎扎实实。有些乡在民选中提出‘一碗清水明如镜，一颗黄豆一颗心’。选举时，候选人背后放碗水，由代表们投豆选举。因为各地对基层选举没有经验，边区行政公署组织工作团，在泗南县张墩乡进行了基层民选实验。”①

淮南边区安乐、殿发两乡，在乡级选举时曾用芦苇。“先由乡选委员会组织公民登记。村民有无公民资格，主要靠群众评议，凡有公民资格的登记在红榜上，没有资格的登记在白榜上。而登记在白榜上的人如果认错表示痛改前非，还可以转到红榜上来。……发公民证，村民凭公民证入场选举。代表选举实行改良的豆选法，候选人坐在前排，每人背后放一个大碗，村民每人发额定的红芦苇数根作选票，依次放入碗中。选举前由乡选举委员会讲解投票方法和注意事项，确定唱票人和监票人，然后投票。投票完毕，当场唱票，当选代表宣誓。”②

安徽巢湖地区 1944 年曾经豆选参议员。“成立参议会以前，在群众中开展了正确行使民主权利，选好人、办好事的教育。我们在区乡第一步先搞选民登记，然后出榜公布，凡名列红榜的，有选举和被选举权；凡名列白榜的，没有选举和被选举权。第二步，由基层酝酿提出本区乡候选人名单，并在一定的会议上，介绍候选人与选民见面……第三步是正式选举，召开选民大会，以差额选举、

① 杨居人：《拂晓报史话》，96 页，北京，新华出版社，1987。

② 张鸣：《中共抗日根据地的政权选举与文化的复归》，见王先明、郭卫民编：《乡村社会文化与权力结构的变迁：华北乡村史学术研讨会论文集》，278～279 页，北京，人民出版社，2001。

无记名投票方式进行。当选民进入选举会场时，发给每人染好颜色的豆子若干粒（豆子的粒数，要与选举名额相等），如果一个区选 5 位参议员，每个选民入场时，发给 5 粒豆子，选举大会开始后，候选人都在大会台前列成一排坐下，每位候选人背后放一个大碗或面盆，选民顺序经过候选人背后，愿意选谁，就将手中的豆子分别放在他们碗内，最后看谁的碗内豆子多，谁就当选。……当选者受到激励，落选的也无怨言。”[①]

1943 年 7 月，江苏靖江县委、县抗日民主政府在长安区安武乡进行新乡制试点工作。以“豆子选举”（即丢豆投票）方式产生新政权。[②] 1944 年 8 月起，靖江县开始改造基层旧政权。“选民手持豆子，按差额选举法，将豆子投入候选人背后的碗中，以统计得‘票’多少。此种选举法，受到著名人士邹韬奋的赞誉。”一年后，全县部分或全部改造了 69 个乡政府，占总数的 85％。[③]

江苏盐阜区行政公署（1941 年 9 月至 1945 年 7 月），是苏北盐城、阜宁地区的抗日民主政府。[④] 根据《盐阜区区级政府选举法》，区公民代表及区长、区行政委员、候补委员等

① 刁筠寿：《和含抗日根据地的群众工作》，见 http：//www.ahhs.gov.cn/book_list.asp? id=1288，2010-05-19。

② 参见靖江县志编纂办公室编：《靖江县志》，23 页，南京，江苏人民出版社，1992。

③ 参见上书，487 页。

④ 参见江苏省档案局、江苏省档案馆：《盐阜区行政公署全宗号 2215》，见 http：//www.dajs.gov.cn/art/2003/8/1/art_18_4068.html。馆藏盐阜区行政公署档案共 31 卷，其中有关于改造基层政权、乡村选举工作的指示、计划和总结。

的产生，以实行普遍、平等、直接、不记名投票选举法进行。“选举用票选，或在选票上写明候选人姓名，由选举人就中圈选之，但区选委会得依据本区人民文化水平与具体情况，采用豆选或其他适当办法选举。”① 《盐阜区村政府选举法》也规定，每个公民小组，应就本组中提出三个小组长候选人，举手表决一人为小组长。村行政委员由村公民大会直接选举。“村选委会得依据当地人民之文化水准、具体情况，采用豆选或其他办法选举。”②

1942 年 4 月起，江苏盐阜根据《盐阜区市乡政府暂行组织法》，在实行新乡制的同时，开始实行民主产生乡行政委员会，选举乡长、村长。步骤是由县派人到基层召开座谈会，报告民选的意义和方法，产生民主选举筹备委员会。然后召开民众动员大会，向群众广泛宣传，再编好公民小组，各组推选代表。最后召开代表会议，采取“丢豆”、“丢柴棒”等形式选举产生乡行政委员会的委员和正、副乡长。1943 年，台北县万盈乡采用竞选法选举乡政府成员，至年底，台东、台北两县 67 个乡 600 多个村进行了选举。③

据王德范亲身经历，在江苏海门县，“1943 年冬天的一个晚上，在江西乡八字村地主陆开山宅选举乡政府成员，参加选举的是各村的代表，也有地方开明绅士等，济济一堂。

① 蔡鸿源主编：《民国法规集成》（第 71 册），304、307 页，合肥，黄山书社，1999。

② 同上书，315、317 页。

③ 参见盐城市地方志编纂委员会编：《盐城市志（中册）》，2004 页，南京，江苏科学技术出版社，1998。

区委朱九德执蜡烛主持会议。采用‘豆选’方法，先公布候选人名单，明确选举办法，介绍候选人简历等，候选人坐在前面一排凳子上，每人后边的桌子上放有一只茶杯，参加选举的成员排着队，同意的投一粒豆子，不同意的不投”。通过选举，共选出包括乡长在内的5个乡政府委员，王德范本人当时被选为文教委员。[①]

江苏东台县政府辖区内，群众中文盲占90%以上，大部分不会写字，写不出选票。为此，县选举委员会经过反复考虑、研究协商，决定乡一级的选举，采用豆选法（以豆粒代替选票），一般用的是定额选举，也有差额选举。

选举的方法，是召开选举大会，出席大会的是各代表团代表。会场上，根据候选人人数设置候选人席位；每个席位上放置一只碗（实际上起票柜作用），碗上蒙上红纸，红纸上写上候选人名字，并留一小孔，小孔略大于豆粒。这种用于选举的碗，蒙好红纸扎好后，略似于旧时小孩子储钱的扑满，不过不是用来储钱，而是用来投选票（豆粒）。

选举时，候选人各按自己的名字进入候选人席位，背对选举碗（票柜），候选人进入候选人席位后，主持大会的选举委员会负责人则根据应选举人数给各位代表发豆粒，豆粒数与应选举人数要绝对相等，由监选同志与选举委员会负责人共同负责点数，要求绝对准确……豆粒发好后，选举正式开始，各代表行使民主权利，依次进行选举，凡自己同意选的，

① 参见王德范：《海中区江西乡游击教育的回忆》，见中国人民政治协商会议海门县委员会文史资料委员会编：《海门县文史资料》（第10辑），95页，海门，中国人民政治协商会议海门县委员会文史资料委员会，1991。

就在这候选人背后的碗里从小孔丢下一粒豆子，不同意就不丢……投票结束后，由选举会负责人、监选人、计票人共同计算各候选人得票的数目，由大会负责人当众宣布选举结果，如系定额选举，当选人数不足，可再另选；如系差额选举，得票少者落选。

“1944 年 2 月，唐洋区晓肇乡实行新乡制就是采用这个‘豆选法’进行民主选举乡长的。……东台县各乡的民主建政基本上是以‘豆选法’方式进行的。”①

三、解放战争及建国初期民主建政时期

1945 年抗日战争结束，但 1946 年 6 月国民党和共产党之间的内战开始。随着解放战争的节节胜利，新的解放区必须着手建立新政权，在农村，这个过程是先建立农会，接着进行土地改革，然后建立新的人民政府，完成民主建政。在建立新政权的过程中，豆选再一次让基层群众实现了当家作主的愿望。

1951 年，《南方日报》社论《认真整顿基层，迎接土改运动!》提到，建设乡村政权的基本方向是实行人民代表会制度，由群众用投票或投豆的方式选举代表，再由代表会议用投票方式选出政府委员会。但是实行此种制度最有把握的地方，是在经过了土地改革和群众充分发动起来的乡村。②

① 卢绍庭、钱峻林：《民主建政时期的豆选法——记抗日民主根据地唐洋区晓肇乡的民主选举》，见中国人民政治协商会议东台县委员会文史资料研究委员会编：《东台文史资料》（第二辑），35～36 页，南京，《江苏文史资料》编辑部，1985。

② 参见《认真整顿基层，迎接上改运动!》，见中国共产党中央华南分局宣传部编：《干部学习资料》（第二十五辑），48 页，广州，华南人民出版社，1951。

这个画面上，碗中间黑色的地方可能是个小洞，在蒙着碗的纸上特意弄出来的。投票人只能把豆从小洞里投进去，他不知道别人是否已经把豆投到那个碗里了，或者多少人投了。这样至少可以减少从众行为。正在投豆的是个妇女，背着她坐着的几个人可能是候选人。左边那个手拿烟袋的老人，正在看着她投，这就不是秘密投票。后面远景有个男人正在把什么东西递给一个带着孩子的妇女，估计是在发豆子给她。

图片来源：《图说中国“豆选”》，见凤凰网，2008-05-01。

1953年2月，中央政府委员会通过《中华人民共和国全国代表大会及地方各级人民代表大会选举法》，并成立中央选举委员会。4月，委员会发出关于基层选举工作的通知，开始各级人大代表的选举，各级根据不同情况，分别采取无记名投票、举手、豆选等方式。[①] 所以我们可以找到当时各地一些豆选人民代表的例子。除了选代表，有的地方也用豆选选举

① 参见《共和国的足迹——1954年：“第一次真正的人民大会”》，见http://big5.gov.cn/gate/big5/www.gov.cn/test/2009-08/05/content_1383952.htm，2009-08-05。

当地的领导人。

从以上的法令、舆论、宣传中可以明显看出，当时豆选是一种合法的投票方式，不仅继续被用于城乡基层选举，也进一步扩大到各级人民代表的普选，而且成了一种很普遍的投票办法。这个时期豆选实例众多。下面我们只列举部分例子，介绍在解放区及建国初期豆选用于政权建设的实践。

1949年3月在（陕北）安塞县乡村，“乡长、副乡长和村长的候选人，当然是由党内提出的，但是党内提出的候选人，不是一名，而是几名。选举是在村民大会和乡民大会上进行的。几个候选人面对选民坐在会场的第一排，每人背后放一只饭碗，村民们依次在候选人背后投豆子，豆子就是选票。投票以后，由村民选出两名计票员，得到豆子最多的人，就是当选人。在选举和计票过程中，我们工作组的人不授意也不干预。新中国成立以后，在新区减租、反霸和土地改革的末尾，都有一个民主建政的阶段，选举村、乡干部。我（林牧）作过几次工作组组长，都是按我在陕北学会的办法进行选举”[①]。

解放初期在四川省峨眉县，农会在征粮、剿匪、与地主恶霸斗争等工作中发挥着决定性的作用。“农会主任，通过民主选举产生。选举方法叫‘空碗丢豆法’。贫苦农民不知什么是民主，因此要引导他们，把苦大仇深、年青能干、办事主公的人提为候选人。一般每保提3至5名候选人。召开选举大会时，男女会员各拿3至5颗豆子，会员自已愿意选哪个，就把豆子丢进有候选人名字的碗里。最后，看哪个碗豆子多，

① 《图说中国“豆选”》，见凤凰网，2008-05-01。

谁就是农会主任，次者为副主任。”①

1948年河北涉县中原村土改时，先经过了一个宣传酝酿阶段。向贫农宣传土地法时，工作组向群众说明领导的决心，打消大家的顾虑，发动大家诉苦。然后召开贫雇农会议，比较积极的9个贫雇农组成临时小组，后来增加新会员时，经过小组成员讨论、审查，才能批准。随后临时小组发展到四十多人，于是酝酿成立贫农团。经讨论确定委员的条件包括：立场正斗争坚决，不自私办事公道，热心负责有民主作风。“二月二十三号，贫农团便举行正式成立大会，当即有人提出‘过去那不民主，一人举拳头，大家顺杆上，这次要改一改’。对丢豆也不赞成，怕‘顺犁沟溜豆’，坐在前边的丢的多。大家意见是这次选举要慎重，男女平等，谁想选举谁就选谁。接着先分组酝酿提候选人，然后大家便进行比选。由于民主的发扬，毫无拘束，对提出的候选人，不只说他哪点好，合于条件，也批判他的缺点，指出哪是毛病要改正。……正式选举时，决定不记名票选。”结果以七位票最多的当选。“真正老实热心的人是当选了，有私心想当干部的反而没选上。”新委员给大家讲话说，“大家选我当委员，咱一定把事办好，以前的干部是这（伸出大拇指）压在大家上边的，咱们现在是这（伸出小指），给大家当伙计的，大家帮助我，我好好给大家办”。他希望大家多提意见，以便改进工作。会后有人反映：“从来选举没有这次好，这次选得可民主，好的都选上

① 赵划：《回忆峨眉解放初期征粮剿匪工作》，见中国人民政治协商会议峨眉山市委员会文史资料工作委员会编：《峨眉文史》（第15辑），139页，峨眉山，中国人民政治协商会议峨眉山市委员会文史资料工作委员会，1999。

了，真碰心!”①

1948年，临清县“江村贫农团经过了四批串联审查，发展了男女团员170名（其中女的90名），占全村贫雇农总数的70%（小孩和老人不计）。目前已经成立了临时代表会。……在群众要求下，临代会决定正式建立贫农团。经酝酿商定，贫农团委员人数为17人（妇女7人），经男组每组提3个，女组每组提2个，临时代表成为当然候选人，计算有50个候选人，然后，由代表们把此意见分别带到小组去酝酿。……对候选人的要求都十分苛刻，讨论最为热烈。根据大家的发言，明确了几个条件：1. 家庭贫苦有翻身要求的；2. 老实正派的；3. 常年劳动的；4. 大公无私不贪污的；5. 有事和群众商量，不是上马不认人的。条件明确后，经继续酝酿，有的票选，有的投豆，有的口头推选，初步提出了候选人。然后代表们又开了碰头会，把各组提出的名单集中传达，各代表又把名单带回各组，普遍酝酿。工作组根据有不愿当选的情况，又做了启发教育，……又用了4天时间，选出50个候选人（妇女20名）”②。选举前一天的筹备会上，又重新研究决定，委员人数以15人为好，男10女5。又商量出选举办法，“男女分开选，并要两次选成。头一次，从男候选人中选20个，女候选人中选10个；第二次再由男20个中选10个最好的，女10个中选5个最好的。又通过了用豆选举。……为团结中农，有计划地动员中农参观选举……为助威和热闹，让本村小学生参观，让儿童团懂得为啥要成立贫

① 《表明态度发动贫雇，中原村成立贫农团》，载《人民日报》，1948-03-26。

② 中共临西县委党史研究室：《卫运河畔的烽火》，332～334页，邢台，邢台市新华印刷厂，1995。

农团，给予其翻身教育”[1]。

“开始选举，男女候选人分别坐在会场两边面向群众，群众分排在会场前面坐下，每个候选人前放一个纸糊的小碗，按候选人的数目分给群众棒子[2]粒和黑豆，赞成者投棒子粒、不赞成投黑豆……由工作组干部按群众的排列，分行检豆，集中装入候选人碗内，最后谁得的棒子粒多谁当选。当晚，召开贫农团委员会，从15人中又推举了票数最多的温大哥为主席，侯廷华为副主席。”[3] 据当时总结，这次选举存在一些不足。“选举的方法比较复杂。群众没有很好掌握，故传统佃户江玉明没选上，而当过牌头、历史不太好的宋安林，当过经纪不怎么劳动的江廷选倒被选上了”。另外，选务上不完善，“男组预先没有安排检票员，临时拉了两个小学生……候选人也没有作竞选……这次选举酝酿工作下了功夫，但选举方法不够好，因此出现了选举偏差（宋、江二人）。到底豆选好还是票选好，也未得出最后结论。”[4]

山东省永智县成为新解放区以后，群众自发地开展了反奸诉苦运动。于是，当时有干部提出，要建立各级反奸诉苦代表会。凡在一村串联酝酿成熟后，由10人或15人选举一个代表，组成村代表会。有半数村庄酝酿成熟后，就成立县代表会，县代表应由村里直接选出。反奸胜利后，紧接着就要摧垮旧政权，把真正能代表基本群众利益的群众领袖选为

---

① 中共临西县委党史研究室：《卫运河畔的烽火》，332～334页，邢台，邢台市新华印刷厂，1995。

② 棒子就是玉米，是北方一些地方的方言。

③④ 中共临西县委党史研究室：《卫运河畔的烽火》，332～334页，邢台，邢台市新华印刷厂，1995。

村政权的负责人。“凡在雇佃贫进行充分发动的地区可运用投票投豆办法选举，村政委员会、农工会都可以提出自己的候选人，以达到使真正代表工农会利益的群众领袖掌握村政权。另外，在基层群众占优势的村庄，还应当吸收一些开明的富农和中小地主参加村政权。”①

当事人刘廷钦回忆，福建省寿宁县建立农民协会时，党的干部下乡，“我们采取秘密串联的办法，物色曾受反动政治压迫和经济剥削最深最苦、历史清白、为人正直的贫雇农 12 人，通过他们再串联，以‘滚雪球’的方法，扩大依靠力量，继而发动全乡大部分贫雇农参加农民协会。……1949 年 11 月底，托溪乡农会召开，有 30 多个贫雇农集中到我的房屋厅堂参加会议。区指导员、区农会领导马景春等到会讲话……接着提出候选人名单，组织候选人入座。每个候选人的背后放个碗，用丢豆方法投票计票，按得票数确定选出农会主席 1 名，副主席 2 名，委员 9 名，下分 9 个农会小组。”刘廷钦本人在这次选举中，当选乡农会副主席兼秘书。②

于庄村在河南许昌祖师区，中南合作事业局在那里组建了第一个农民供销合作社。③ “于庄群众都争先恐后地入股，

---

① 张延积：《新解放区反奸诉苦运动中的几个问题》，见中共临清市委党史资料征集研究委员会办公室编：《卫滨风云　清平党史资料选编》，203 页，临清，中共临清市委党史资料征集研究委员会办公室，1992。

② 参见刘廷钦：《托溪乡的农民协会》，见中国人民政治协商会议福建省寿宁县委员会编：《寿宁文史资料》（第 10 辑），21 页，寿宁，中国人民政治协商会议福建省寿宁县委员会，1999。

③ 参见《供销合作》，见许昌县志编纂委员会编：《许昌县志》，490 页，天津，南开大学出版社，1993。

并首先建立了理事会和监事会两个组织。理事会是帮助供销社核算账目和给货物定价的，监事会是对供销社的一切工作进行监督保证的。……科长和理事会、监事会负责人利用座谈、访问、反复征求群众意见等方法，物色出 7 名候选人，要群众充分发扬民主，从这 7 人中选举出 3 名自己最信得过的人作为供销社的领导成员。在理事会、监事会的主持下，他们实行了丢豆选举。1949 年腊月中旬的一天上午……在学校广场上聚集了一千多名群众。……主席台前边放有 7 张课桌，每张桌前放着一条凳子，桌上各放一个空碗。……乡主席宣布选举大会开始，震耳欲聋的火鞭响了十来分钟，接着由田科长讲了选举的意义和应注意的事项。主持会议的同志把 7 名候选人请到主席台前就座，并介绍了他们的身份。选举开始前，理事会、监事会负责人把碗口朝向群众，证明碗是空的，然后又当着群众的面把碗用红纸糊严，中间挖一个豆大的口，又分别放在候选人身后的桌子上，由入股的 76 名社员投票。投票人手里拿着豆，排成单队，不慌不忙地走到候选人身后丢豆。”①

根据李季安的回忆和他对知情人的访谈，补充了一些细节。“当时，我正在该村小学担任教导主任。我们学校……主动且紧密配合了这一工作。我目睹了于庄供销合作社组建的全过程。……由入股社员代表共 76 人丢豆选举。选举开始

① 张明坤：《中南第一个供销合作社——于庄供销社》，见中国人民政治协商会议许昌县委员会学习宣传文史资料委员会编：《许昌县文史资料》（第 6 辑），121～122 页，许昌，中国人民政治协商会议许昌县学习宣传文史资料委员会，1993。于庄选举投票时间不统一，张明坤文中是 1949 年腊月，李季安文中是 1950 年 12 月。

了，投票者每人拿着三粒豆子，依次排成单行鱼贯而进，有选择地向空碗内丢豆。投票结束，由理监会主任当众验豆。”[①] 七人得豆数分别是 62、53、47、46、15、3、2。“理事会主任于全成当场宣布，丢豆选举者 76 人，每人 3 粒豆子，总数为 228 粒豆子，经检查对照无讹，符合选举要求，廖坤和、于宝林、于景灿 3 人当选。”[②] “当选三人经过分工，廖坤和任供销社主任，负责全面工作；于景灿会打算盘又有文化，任会计兼营业员；于宝林任业务员兼营业员”。[③]

根据当时的文献，“职员由社员选举，一方面足以代表社员的意志，不失民治的精神；另一方面社员对于其所选举的职员，必能予以拥护，并且职员如有不胜任、渎职、枉职等事情，社员深知其咎在己，不致抱怨他人。……选举的方法，可分投票与投豆两种。选举时，先由社员分别提名附议。譬如合作社要选理事 5 人，票选法则由各社员将其所要选的人名，填写在选举票上，以得票最多者当选。投豆法则先分发各社员黄豆、黑豆各 5 颗，当主席提出某位候选人时，检票人拿一个空布袋，递送到各社员的面前。如社员赞成这人，就投一颗黄豆，反对就投一颗黑豆，得黄豆最多者当选”[④]。

---

①②③ 李季安：《忆中南区第一个供销合作社的创办》，见中国人民政治协商会议许昌市委员会文史资料委员会编：《许昌文史资料》（第 8 辑），75 页，许昌，中国人民政治协商会议许昌市委员会文史资料委员会，1994。

④ 《合作社的经营》，见沈经保编著：《实用农村合作》，26 页，南京，正中书局，1947。

有文献总结了合作社提出候选人的办法和召集选举大会的办法。当时7个村组织曾用过几个办法提出候选人。“一、筹委会提出候选人交小组讨论通过，经本村农会和支部审查后公布，再交大会选举。二、召开组长或社员代表会议，在组长联席会或社员代表会上选出候选人，交筹委会审查公布，然后再交大会选举。三、各小组直接产生候选人，汇集各小组名单后，再传到各小组讨论通过，然后作为正式候选人交大会选举。上面这三种方式，群众对第三种反映最好。……如何进行大会选举呢？有两种方式：一种是召开社员代表大会，进行选举；另一种是召开全体社员大会，进行选举。……假若村落过于分散，则通过社员代表大会来选举。假使居住集中，则最好召开全体社员大会选举。至于选举办法，可根据农民的习惯，用投豆的方法来表决当选人。选举的结果，应在会场里立即宣布，当选人宣布就职并表明态度，同时更应启发群众多多提供意见，以加强当选人的责任心。”①

西藏乃东县昌珠镇的“西藏民主改革第一村”，“1959年的春天实行民主改革，在共产党的发动下，凯松庄园的400多个农奴自发成立了西藏第一个农民协会。……24岁的尼玛次仁……被群众‘豆选’为凯松农协主任”②。该村也被称为克松村，尼玛次仁自述当时“400多个男女农奴在碗里投豌

① 梁维直：《怎样选举理监事》，见《怎样组织新民主主义供销合作社》，43～45页，上海，棠棣出版社，1951。

② 《“西藏民主第一村”的新一代：我们勇敢向前》，见 http://tibet.news.cn/gdbb/2009-02/01/content_15572838.htm，2009-02-01。

豆，选举农民协会。我得了390多颗豆子，当了主任”[①]。

1953年，福建莆田县“结合支前、剿匪、减租等工作，着手民主建政工作”[②]，“建立乡政权是根据各地区的不同情况，采取不同的方法：(1) 在农会基础较好的地方，首先召开群众大会，然后按原保甲分组酝酿，每15户选出代表一人，经农会审查和群众大会通过，最后召开乡代表会议，选出乡政委员，以得票最多数和次多数者为正副乡长，其余为委员，由区审查后报县批准加委。(2) 在农会基础不健全、群众认识较差的乡村，首先进行整顿农会，从中发现和培养积极分子，先由群众产生代表，决定候选人，然后召开群众大会普选。选出后经一段实际工作的考验，由区审查认为其积极可靠后报县加委。(3) 在情况复杂、有宗派纠纷的乡村，是按原保甲每甲选代表一人，然后集中各代表互相推选组成乡政委员会，县暂不加委。选举乡政委员会的方式主要有两种，一种是‘举手’，一种是‘投豆’。‘投豆’是本县群众自己创造的方式。其方法是在选举时，候选人列一排坐着，每个背后放一空碗，选民按次序从候选人背后走过，将预先分到的黄豆投在自己要选的候选人碗内。投豆结束，当场数豆，谁最多谁就当选。这个办法在农村群众文化水平还不高的地区很受欢迎。”[③]

---

① 陶克、刘化迪、王卫东：《是谁为藏家儿女带来吉祥》，见 http://pic.chinamil.com.cn/zt/2009-03/28/content_1706076.htm，2009-03-08。

② 莆田县县志编集委员会编：《莆田县志　第2卷政治志（下册）（初稿）》，172页，莆田，莆田县县志编集委员会，1966。

③ 同上书，174～175页。

据当事人回忆，在黑龙江省龙江县广厚村，“1948 年土改运动取得了伟大胜利，根据上级指示开始建立村政权。我们村的村政府是 1949 年建立的。以农会负责人为候选人，每户出一名代表，在村学校进行丢豆选举。候选人背靠群众，坐在前面，身后放一个空碗，用纸糊上抠个小窟窿，每个代表依次从候选人身后走一趟，同意谁就往谁碗里丢一个豆，最后以豆多者当选。经过群众选举我当选为村长”，另有 3 人当选副村长，1 人当选文书，1 人当选武装队长。①

在湖南，“1950 年 4 月的一天，我们在武冈县十一区樟潭村（现洞口县）……建立了新政权”。村民每家每户一个代表，到村小学开会选村长。区长出席了会议，农会主席主持会议，他把“农会事先讨论的村长候选人名单，一个一个地向代表们做了介绍。代表们开始酝酿候选人。这个说：‘农会提出的候选人都是受苦很深的穷人。’那个说：‘选他们当村长，一定会为我们穷人说话办事。’大家说：‘这几个人我们信得过，同意做村长候选人。’村长候选人议定了，用什么办法选举呢？王有清（农会主席）说：‘投票选举，多数人不识字，举手吗，举这个不举那个怕有意见。’议论来议论去，议出一个投豆选村长的办法。大家都说：‘这个办法好，谁得豆多，谁当村长。’这时，不知哪个快手快脚的人已从小学借来了豆和碗。王有清宣布开始选举。候选人都背朝代表坐着，每个候选人身后放一个饭碗。每一个代表

① 参见温广忠口述、冉炳文整理：《广厚村的土地改革》，见中国人民政治协商会议龙江县委员会文史资料研究委员会编：《龙江文史资料》（第 4 辑），64 页，龙江，政协龙江县文史资料编委会，1989。

雪地上的豆选。画面上的豆选场面，候选人坐在前边一排，他们后面的长凳上有一排碗，有个人正在投豆，后面一些人在看。人们穿得很厚，戴着帽子，像是在寒冷的地方。解放初黑龙江曾经进行过豆选，不知这个画面上的情景是否发生在那里

图片来源：肖震山：《草根民主》，载《领导文萃》，2001（10）。

发一粒豆子，选民们依次把豆子投入自己要选的人碗里，'叮叮咚咚'不到一个小时就投豆完毕。王有清等人当场数各候选人所得豆子，数完后面向代表宣布：'王有松得豆最多，当选村长'"①。

解放初新疆豆选村长一事，因一张照片而被多次报道。下面这张照片摄于 1952 年 2 月，在疏勒县一区一乡昆那克村。组织给农民每人发了一颗苞谷粒，让他们往坐成一排的候选人背后的帽子里投。谁被投得多，谁就是村长。中间的

① 姜元腾：《投豆选村长》，见中国人民政治协商会议邵阳市委员会文史资料研究委员会编：《邵阳文史》（第 11 辑），98～99 页，邵阳，中国人民政治协商会议邵阳市委员会文史资料研究委员会，1989。

一位叫玉素普阿洪，就是喀什地区第一位村长。

1951 年新疆疏勒县昆那克村投玉米选村长

图片来源：http：//www. tianshannet. com/special/60daqing/2009-08/27/content _ 4426829. htm。

这张照片的摄影师袁国祥回忆，当时他和其他土改干部到村里，“走家串户，进行社会调查……为划分阶级成分做前期准备。接着发动贫苦农民诉苦、算账、斗地主，成立农民协会，分农具、粮食和浮财……斗争中涌现出了许多积极分子。他们有的入了团，有的加入共产党，有的当了治安员，有的成为农会骨干。最后通过群众讨论推荐，农会确定了几位候选人，农民们以投豆的方式选出自己信赖的村干部。……照片上坐在前面的一排人中，都穿得破破烂烂，有的头上还有伤疤，都是受苦最多的贫雇农。其中有我熟悉的一个居民组长叫玉素普，而对面蹲着的那个戴皮帽的青年叫巴哥阿洪，他还是我介绍加入青年团的。看到这些翻身农民们行使自己当家作主的权利，在自己选中的人身后的帽子里，投下庄严的一颗豆粒，此情此景被我收进相机”[①]。

解放初曾当选为四川省汶川县龙溪乡农会委员会主任的袁永发介绍了当时乡农民协会的选举情况。

“选举的程序与现在的方式基本相同，但有当时的特点：(1) 大会主持人作关于选举办法的几点说明。(2) 候选人坐前排。他们背后摆上条桌，同时在每位候选人背后的条桌上摆放一个碗（投票用）。(3) 代表中选出一名监票员、计票员。监票员对领票、发票、计票进行监督。(4) 用黄豆作选票，采取‘豆选’方式进行选举，即每个代表领到选票（黄豆）时，要事先考虑好，你愿意选哪些候选人，就把票往他背后碗里投，一个碗里只能投一票，投两票无效。(5) 选举采取差额选举。如 11 个候选人中只选 9 个，选票也只能领 9 张（9 个）。这 9 张选票，往哪 9 个碗里投，一定要事先考虑好。(6) 代表实到人数要超过半数，方可进行选举，否则无效。发选票时，每个代表凭代表证领取选票（黄豆）。选票发完后，再清点实到代表数、总领票数和实际发出票数，以及代表领取的张数（个数），无差错后，便可进行投票。投票时先是主持人、监票员、计票员投票，紧接着是代表投票，最后才是候选人投票，候选人可以自己投自己的票。投票方法是：领到 9 张票在 11 个碗里投，9 个是真投，两个是空投。投完票后，当场清点检查发出数与收回数有无差错。收回票数少于发出数选举有效，多于发出数选举无效。(7) 选举是否一次成功，就看投票后，当选人实得票数是否都过半数以上。如 9 个候选人的得票均过半数，那算一次选举成功。如

① 《燃情岁月——走过那座村庄》，见央视网，2005-04-19。

果还有 3 人得票没有过半，就要再次进行差额补选。”①

1951 年 9 月 5 日，湖南省武冈县扶峰乡召开农民代表大会，由全乡 12 个村近 1.3 万人选出的 150 名代表参加乡农民代表大会共同选举乡政府，有 12 个候选人。“几十排参差不齐的板凳拼成代表座席，几张桌子拼为主席台，桌子上一字儿排开 12 只大碗异常醒目。刚解放，很多农民还不会写字，这些大碗成了‘投票箱’……候选人上台背靠身后的大碗依次席地而坐……选举正式开始，每个代表依次上台，先在主席台左侧领取一张‘选票’——一粒豆子，然后把它投放到自己心中的乡长背后的大碗中。整个过程简单、透明、公正。当场‘统票’——数豆子。”②

从下面的图片中可以看出，前排有 11 位候选人坐在地上，他们身后是一排条凳，在每人后边放了一个碗。左边第三个位置是空着的，那个候选人缺席了，但空位后边也放了一个碗。画面上有几个选民正在投豆。候选人面朝前方，背对着投票人，他们不能看到别人是否选了他/她。但是投票人之间距离很近，看样子碗也是敞着的，没有被蒙起来。谁投了哪人或没投哪人，身旁其他的投票人很可能看得到。站在条凳右边的一位身穿制服的人，可能是选务人员，他能很清楚地看到谁将豆投给了谁。后面几排人有秩序地或坐或站，他们可能是等待投票的选民或者已经投票的选民，

---

① 袁永发：《回顾汶川县二区减租退押、清匪反霸工作》，见中国人民政治协商会议汶川县委员会文史资料委员会编：《汶川县文史资料选辑》（第 6 辑），86～90 页，汶川，中国人民政治协商会议汶川县委员会文史资料委员会，1987。

② 周后平、陈显凡、唐志：《豆选法选出的女乡长肖满淑》，载《档案时空》，2008（11）。

这些人不太可能看得到谁投了豆给谁，因为投票人背对着众人。

1951 年春，湖南省武冈县扶峰乡用豆选法选举乡长

图片来源：周后平、陈显凡、唐志：《豆选法选出的女乡长肖满淑》，载《档案时空》，2008（11）。

安徽阜阳县 1953 年、1957 年、1958 年三届基层选举时，豆选都是选举方法之一。1953 年 3 月，全县按选举法组织第一次基层选举，乡镇成立选举委员会，县市培训普选干部、技术骨干，然后广泛开展普选宣传教育。选举程序是划分选区，登记选民，协商候选代表人，交乡政委员会讨论审查确定，最后张榜公布。选举方法是以选区为单位召开选民大会进行选举，城镇设投票箱，采取无记名投票。农村采取丢豆或举手表决等方式进行。第二次基层选举于 1957 年 4 月进行，选举方法如前届。1958 年，全地区第三次基层政权选举，程序、方法如前届。1961 年下半年第四次基层选举时，由于人民公社化后基层政权建制发生变化，选举方法有所改变。[①]

四、豆选的式微

目前可见到的载有豆选实例的资料，自20世纪50年代中后期比较少，只有个别的例子。近年，在湖北、甘肃村民自治和扶贫项目中，豆选也偶有所闻，或者由村民豆选扶贫项目小组负责人，或者由村民投豆确定优先实施哪些项目。但当代豆选是在个别地方出现的，再也没有像以往那样全国大范围、多层次地进行。豆选式微的原因可能主要有两个：一是随着选举运动的退潮，豆选也少了。这一解释比较适合20世纪50年代后半期至60年代中期的情况。我国成人文盲率到1964年仍占50%以上，豆选少见主要是因为选举少见。二是随着人们教育水平的提高，有能力独立填写选票的人数增多，豆选的必要性降低。这一解释比较适合近30年来的情况，譬如基层选举很多，但因为文盲率已经大大降低了，在大部分地区大多数人有能力用选票，所以豆选少了。[②] 至今豆选没有在我国绝迹，一是因为在老少边穷地区确实仍有文盲，仍需借助这种办法，二是因为它本身凝聚的民主意义容易引起人们的兴趣，有人乐于采用，也有人乐于报道、宣传。

1957年福建合作社时期曾提出社主任、副主任、生产队长都要经过社员选举。社干部由社员大会选举，是维持民主

---

① 参见阜阳市地方志编纂委员会编：《阜阳地区志》，787页，北京，方志出版社，1996。

② 据国家统计局人口普查数据公报，我国15周岁及以上文盲人口数（成人文盲率），1949年为3.2亿（80%），1964年为2.33亿（52.4%），1982年为2.3亿（34.49%），1990年为1.82亿（22.22%），2000年为0.85亿（9.08%）。

作风的好办法。选举的方式，最好是在选举之前由各队充分酝酿，提出候选人名单，然后采用划圈、投票或秘密投豆的方式进行选举。这样才能选出公道能干同时又是社员真正拥护的人，来领导社的工作，并使社干部真正成为联系群众的桥梁。①

四川省省委领导曾经指导内江某个大队通过投豆决定公共食堂的存废。到底哪种意见代表绝大多数农民的意见呢？省委领导想出一个办法，用丢豆的办法举行民意测验。赞成在一个箱丢豆，不赞成在另一个箱丢豆。第一次丢豆，干部社员还有些顾虑，怕挨批，但也有胆大的。丢豆结果是赞成公共食堂好的多，不赞成好的少，还有的未表态。那时中央抓得紧，每三天要汇报一次，要求省委深入调查、充分听取社员意见。省委一个领导主抓这个大队，他建议再次投豆测验。第二次测验结果大不一样，赞成公共食堂好的人少，不赞成好的人多，还有少数人未表态。这时，朱德委员长到内江视察，听取省委领导汇报后，讲了刘少奇、邓小平、彭真等的调查情况，他说你们的调查和他们的调查大体一致，公共食堂该散伙了。②

1963 年，宁夏回族自治区第二届人民代表大会代表通过基层选举。全区基层选举从 1963 年 2 月开始，5 月底结束，进行选举的共有 235 个人民公社、2 个镇、3 个市辖区。全区人口 1 978 980 人，合格选民 998 162 人，占总人口数的

① 参见《活跃民主生活》，见中共福建省委农村工作部第二处编：《农业生产合作社经营管理的几个基本问题》，117 页，福州，福建人民出版社，1957。

② 参见沈杰：《觅芳巴山蜀水笔耕四十余载》，见《情系大西南》编委会编：《情系大西南》，270 页，成都，四川民族出版社，1992。

50.4%。各市、县、公社、区、镇成立选举委员会，下设办公室处理选举工作，专门成立选举工作指导办公室，负责指导督促本专区的选举工作。代表候选人的提名，采取由领导联合提名和选民单独提名相结合的方式。代表选举，采用无记名投票方法进行。采用无记名投票确有困难的，也可采用投豆的方法或举手表决的方法进行。对不能参加选举大会的选民，应用流动票箱登门就选。①

陕西省延安市宝塔区桥沟镇杨家岭村村支部书记朱益明说，他是1979年村里最后一次经过“豆选”选上来的生产队队长，之后村民民主选举就都改用票选了。②

安徽省歙县第一、第二届人民代表会议代表是由县政府邀请的，第三至第七届代表是由各界人民代表会议常务委员会协商决定。1980年第八届人民代表大会的代表选举办法与以前不同，其中365名县代表是通过社会各阶层选举产生的，采取直接选举。全县划为206个选区，登记选民近32万人。12月10日为选举日，近31万选民参加了投票。当时代表名额450名，实际选出448名。具体办法是由县里把选举任务下到各乡，由行政村组织选民酝酿，提出代表候选人名单，用豆选的方法选举产生。在碗内注明候选人姓名，由选民在自己满意的候选人碗内放豆子。③

---

① 参见王云岳：《1963年全区基层选举和宁夏回族自治区第二届人民代表大会代表的产生》，见《宁夏人大概要（1949～1979）》，62页，银川，宁夏人民出版社，1992。

② 参见唐晓芳：《漫漫红色之旅　追寻普法足迹》，见 http：//www. legalinfo. gov. cn/zt/2005-09/30/content _ 228631. htm。

③ 参见歙县地方志编纂委员会：《歙县志》，435～436页，北京，中华书局，1995。

在陕西省榆林市米脂县高西沟村，1987年由村民用“玉米豆豆”选出了村领导。①

2004年，湖北省保康县财政局提出财政扶贫项目豆选制管理，在过渡湾镇二堂村进行示范。每户来1名户主，全村446户中到会417户。会场前台摆放13个纸箱子，分别代表修路、人畜饮水、架桥等群众急切盼望的项目。主持人给参加会议的代表每人发6粒玉米。每个村民代表盼望办哪个项目，就在哪个项目箱丢下1粒玉米。这13个候选项目事先由村支两委班子成员、部分村民小组长、新老党员、村民议事代表共60多人进行了反复酝酿讨论后提出，并提前一周公布于众。②

2006年2月，湖北省宝康县黄堡镇大坪村群众集会，主持人先介绍了15个项目，这些项目都是先由县扶贫部门和镇党委召集村民代表和党员共同商议初定的。工作人员为15个项目做了15个票箱，向每位群众发了13粒玉米，每一粒代表一个项目。请群众推举了3位德高望重的村民当监督员。村民把玉米投给希望实施的项目，最后将得到玉米粒数多的13个项目，交给村两委组织实施。③

湖北省郧县核桃树垭村，有4个村民小组，328户、1 215人，是一个边远贫困山村，2001年被确定为首批参与

---

① 参见姬晓东：《米脂高西沟村“退耕还林”五十年启示录》，见榆林新闻网，2005-07-09。

② 参见《保康财政扶贫项目实行百姓“豆选”制》，见湖北襄樊党建网，2004-05-18。

③ 参见陈治国：《村民“豆选”新农村建设项目》，载《乡镇论坛》，2006(7)。

式扶贫开发重点村。该村采取豆选的方式，确定群众最迫切、最关心的项目实施，2004 年通过了省、市扶贫重点村项目建设验收。[①] 郧县西王村辖 4 个村民小组，425 户、1 970 人，劳力 1 160 人，耕地面积 2 441 亩，无水田，人均占有耕地 1.2 亩，山场面积 3 939 亩。2007 年，该村被列为扶贫开发重点贫困村，历来缺水，吃水难。村两委干部与全村群众一起通过豆选方式，确定了以打机井解决人畜饮水为全村扶贫项目建设的首选。4 个月后，机井出水了，解决了村民的一个大难题。[②]

湖北省竹溪县天宝乡杨家坪 2008 年被省里确定为重点贫困村。按县扶贫办和乡党委的决定，通过豆选方式确定扶贫项目。2007 年 11 月 10 日，县里召开大会，会场前台摆放 6 个塑料盆，分别代表新修公路、硬化公路、人畜饮水、村办公场所建设、沼气建设、扶贫搬迁 6 个项目，乡领导给每个村民发 6 粒玉米作为选票。经过村民筛选，新修公路、硬化公路等 3 个项目，以玉米最多而当选。[③] 竹溪县领导肯定了这种做法："由群众'豆选'的办法确定项目，尊重大多数群众意愿，优先解决群众最想干、急需干、干得了的事情。这种参与式扶贫，是基层民主政治建设在扶贫工作中的具体体现，贴近了农村实际，反映了群众意愿，从而有

---

① 参见谢守武：《立足村情　整村推进建设文明富裕新村　切实造富一方百姓——郧县核桃树椏村新阶段参与式扶贫开发工作回顾与体会》，见十堰市扶贫办网站，2007-04-11。

② 参见曹相勇、贺林峰：《西王村解决百年饮水困难，实现两个跨越》，见 http：//www. syfpb. gov. cn/ReadNews. asp？ NewsID=1696，2009-02-20。

③ 参见本清：《村民"豆选"扶贫建设项目》，载《乡镇论坛》，2008（7）。

效地统一了群众思想，增强了群众参与项目建设的热情。”①

2006年，甘肃省泾川县红河乡田赵村召开群众大会，以豆选的形式决定村上要办的实事。群众把黄豆投入代表不同项目的相应篮子中，以得豆多少为准。过去几十年村民走独木桥，后来是铁索桥，过河难困扰着大家。豆选结果是修建龙王桥工程得豆最多。于是该村及附近群众积极参与，半年时间建成了新桥。②

甘肃省某县由县扶贫办指导，乡镇扶贫领导小组组织，召开村民大会，共同分析贫困原因和解除贫困的措施，界定村贫困户，分片产生群众代表，由群众代表采用“投豆”的方式，选举产生村实施小组成员，选择适宜该村的项目建设内容并现场公布结果。当年实行整村推进项目的黑池殿等5个村都召开了村民大会，代表用投玉米、蚕豆的方式选举产生了各村项目实施小组组长，由他们自己决定切合本村实际的项目。③

小　结

列宁曾说：“为了建立共和制，就绝对要有人民代表的会议，并且必须是全民的（按普遍、平等、直接和无记名投票的选举制选出的）和立宪的会议。”④ 但在一个绝大多数人是

---

① 《张嗣义在全市扶贫开发工作会议上的讲话》，见 http：//fpb.zhuxi.gov.cn/typenews.asp? id=1947，2009-09-15。

② 参见史春荣、史伟：《泾川：村民合力修大桥》，见 http：//pl.gansudaily.com.cn/system/2007/03/14/010286371.shtml。

③ 参见曲玮、李树基：《新时期农村扶贫开发方式与方法：甘肃省“整村推进”研究》，123页，兰州，兰州大学出版社，2007。

④ 《列宁选集》，3版，第1卷，534～535页，北京，人民出版社，1995。

文盲的国家进行无记名投票，在技术上的确是一个不易解决的难题。难怪中国自清末以来，各个时期的政府一再以人民文化程度不够为理由，拖延民主改革。共产党采用豆选，虽然在实践中有若干缺陷，难以真正做到无记名投票，但这种看起来很"土"的选举办法，却发挥了无比的效用。它让不识字的农民也能参与投票，不必碍于情面或担心地方上有权有势者的威胁利诱而不敢表达内心的意愿。同时，豆选也有助于减少操纵选举的可能性，能够使代表农民利益的候选人当选。这就是"真民主"，这就是为什么共产党能赢得民心的原因。共产党成功的历史证明，人民知识水平低不是拒绝民主的理由。

第三章　西方人眼里的中国豆选

一些西方记者、学者、外交官因不同的机缘来到中国，目睹了抗日战争、解放战争期间的豆选，把它的做法翔实地记述下来，传播到西方世界，使人们了解当时的实情，也为我们的研究留下了极有价值的第一手材料。

一、王安娜

王安娜（Anneliese Martens，1907—1990）生于德国，在柏林大学攻读历史和语言学，获博士学位。在校期间，她与中国留学生、共产党员王炳南一起参加反法西斯活动。婚后，二人于 1936 年来到中国西安。王炳南与西北军将领杨虎城是世交，受党的指示，他们夫妻为动员杨虎城发动西安事变做了一定的工作。1937 年到延安后，王安娜在那里结识了毛泽东、朱德、周恩来等领导人，她还到过其他根据地。[①]

晋察冀边区政府成立不久，王安娜曾到过五台山。据她的回忆录《中国——我的第二故乡》记载，她问当时那里的政治宣传部部长："不识字的农民看不懂选票，怎么选举?"这位部长解释说是用豆选。"选举的那天，事先从村里选出的候选人——候选人的人数一般是当选者的两倍——在室外或者在一间宽敞的房子里坐下来。他们每人背后放着一个碗。然后，有人发给每个参加选举的人一些豆子，豆子的数目与要选举出的村委会委员的人数相同。选举者只要把豆子放到自己希望选的候选人的碗里就行了。投票结束后，将碗里的豆子数一数，谁得的豆子最多，谁就当选。"[②]

作为党的高级外交官的妻子，她的婚姻被视为"嫁给革命的中国"。"王安娜是一位最早随丈夫来中国参加革命工作的欧洲人。许多外国记者、作家、专家学者、军人都慕名而来，都愿意和她交朋友或得到她的帮助。当年埃德加·斯诺到中国的第一站，就是手持美国人写的介绍信，首先找到了王安娜。……王炳南作为我国外交先驱在当年中央长江局、南方局工作期间，为我党所展开的一些民间外交，其中也有不少王安娜的功劳。"[③] 抗战爆发后，王安娜还在香港、重庆等地，为八路军办事处做联络和统战工作，以特殊的身

① 参见徐焰：《八路军的洋"少校"王安娜》，载《中国青年报》，2002-08-30。

② ［德］王安娜：《中国——我的第二故乡》，340～341，北京，生活·读书·新知三联书店，1980。

③ 参见程远行：《风云特使：老外交家王炳南》，北京，中国文联出版社，2001。

份帮助运送医药和物资。在华北敌后根据地，她参加过千里行军，为八路军和解放区做了大量工作。[①] 但是，她的特殊身份和背景、坚持个人信念而不愿加入共产党以及自由的言行，与那样的政治环境冲突，她的家庭也受到影响。1945年，她的婚姻走到了尽头。之后，她到上海做宋庆龄的助手，为“保卫中国同盟”工作。1955年返回民主德国时，她已年近50岁，在柏林的洪堡大学教授中国和亚洲近代史。后因中苏关系恶化，她的观点亲中共，屡受排挤。后移居联邦德国，通过写作和广播、电视采访，讲述她在中国的经历。“文化大革命”后，她得以多次重返中国，探望亲友。[②] 1990年，王安娜在德国病逝。[③]

王安娜（右）、王炳南夫妇和儿子王黎明（1945）

图片来源：http：//culture. china. com. cn/book/2010-01/15/content_19352651. htm。

① 参见徐焰：《八路军的洋“少校”王安娜》，载《中国青年报》，2002-08-03。

② 参见张路亚：《王安娜：嫁给革命的中国》，见 http：//shszx. eastday. com/node2/node4810/node4851/node4864/userobject1ai36359.html。

③ 参见徐焰：《八路军的洋“少校”王安娜》，载《中国青年报》，2002-08-03。

二、柯鲁克夫妇

柯鲁克夫妇（David and Isabel Crook）的大半生也是和中国的变迁联结在一起的。大卫·柯鲁克（1910—2000）在英国出生，曾在美国哥伦比亚大学就读，后加入英国共产党。受到斯诺《西行漫记》的影响，1938 年他来到上海，在圣约翰大学任教，后来转到成都金陵大学，并在那里遇到伊莎白。伊莎白 1915 年出生在成都一个加拿大传教士家庭，后在加拿大多伦多大学获心理学硕士学位。1947—1948 年，他们夫妻到晋冀鲁豫边区政府所在地即今河北省武安市十里店村进行了半年调查。十里店当时是土改复查的第一个试点，他们搜集了这个村子 1937—1947 年的历史和土地制度变革材料。[①]

对于豆选，柯鲁克夫妇这样描述："十里店党支部整党后不久，原来任命的村长王子寅被调到区政府任职。为了推选新一任村长，同时也为了建立新的村政府，十里店开始准备第一次民主选举。为了解决农民不识字的问题，采用了'投豆选举法'。候选人坐成一排，每个人身后放一个碗。所有选民，即 18 岁以上的男女村民，都分到 7 颗蚕豆，希望谁进村政府，就把豆子放到谁的碗里。……几年后，村里又推行了更好的方法，有个农民在解释新方法的好处时说：'投豆选举的时候，要是没有特别喜欢的人，有的人就把 7 颗豆挨个地搁在碗里。所以排前七个的候选人就比后面的人要占点便宜。要是有人特别喜欢哪个候选人，他就往那个人碗里放好几颗

① 有关二人生平，参见 http：//gb.cri.cn/27824/2009/08/28/1545s2605298.htm；http：//www.chinadaily.com.cn/hqzg/2007-10/16/content_6219672.htm；world.people.com.cn/GB/8212/171502/10232800.html。

豆子，一样可以搞鬼。'"①

离开十里店后，他们到石家庄附近的外事学校，从事英语教学多年。该校是北京外国语大学的前身，即"中国外交官的摇篮"。新中国成立后，柯鲁克夫妇仍然在北外工作，三个孩子也在北京出生、长大，像普通中国人一样生活。"文化大革命"期间丈夫蒙冤入狱，妻子被隔离审查，孩子们被送到工厂劳动。被平反之后，他们有机会出国探亲，之后又回到中国。他们的著作《十里店——中国一个村庄的革命》和《十里店——中国一个村庄的群众运动》，以翔实的材料向西方人介绍土改运动。他们曾多次回访十里店，并和曾寄住的村民家庭多年保持联系。

柯鲁克夫妇

图片来源：http：//www. davidcrook. net/simple/main. html。

① ［英］大卫·柯鲁克、伊莎白·柯鲁克：《首届民选政府领导下的十里店》，见 http：//www. davidcrook. net/simple/CV7. htm。

河北省武安市石洞乡十里店柯鲁克夫妇寄居之地

图片来源：pucha. sach. gov. cn/html/116/3662 _ 1. html。

三、斯特朗

斯特朗（Anna Louise Strong，1885—1970），美国左翼社会活动家、记者、作家。自 1925 年起，她多次访问中国，其中抗日战争时期曾两次来华，报道工农革命斗争和解放区的抗战活动，访问了延安等地。1946 年第五次来华时，她已经 50 多岁了，在延安和毛泽东、周恩来、朱德等领导人成了朋友，还报道了毛主席“一切反动派都是纸老虎”的著名论断。她一生写了 30 多本书，代表作有《人类的五分之一》、《千千万万的中国人》等。她称中国为“理想的归宿地”，1958 年在北京定居，后在京逝世，遗体也安葬于此。

斯特朗在延安等地曾进行了 9 个月的考察，1949 年出版《中国人征服了中国》（*The Chinese Conquer China*）一书，记录了那时的经历，其中有一节专门介绍豆选。①

在延安，有一次她采访一名姓杨的劳动模范。老杨认为

① Anna Louise Strong，*The Chinese Conquer China*，Kansan：Haldeman-Julius，2003，pp. 89-100.

新社会和旧社会最大的不同是旧社会没有选举，而在新社会每个人都能投票。1946 年老杨所在的村第三次办选举，共有 2 名候选人，1945 年曾有 4 名，1944 年则有 7 或 8 名。斯特朗好奇地问这位不识字的老杨是怎么投票的。老杨说在窑洞外，有人先发给他一粒豆子，他进到里面后，每一个候选人有一个碗，他就把豆子放进他中意的候选人的碗中。投票结束后，由计票人数豆子计票。斯特朗问老杨投豆时有没有人在旁边看着。起初，老杨坚持说是秘密投票，但斯特朗追问他怎么知道哪个碗是属于哪个候选人的。老杨说碗上有他们的名字，投豆时窑洞内有个人会告诉他哪一个是他中意候选人的碗。她告诉老杨，那样就不算秘密投票了，但老杨说窑洞里的那个人是他们推选的，因为他人很公正，大家信得过他。①

斯特朗也提到了哈尔滨一个村庄的选举。10 个村长候选人坐在广场的讲台上，帽子放在身后，选民排成一排，依序走到这些候选人身后，将手中的豆子投到中意的那位候选人的帽子里。②

四、李敦白

斯特朗在书中还记载了另一位美国人李敦白（Sidney Rittenberg）在湖北所见的豆选过程。她写道：

“我听李敦白有趣地叙述了湖北北部一个村子里首次投票选举的情景。他目睹了从提名到选举的全过程。先是召开全体会议进行提名，400 名村民出席了会议，并当场选出了 4 名候选人。接下来是为期一周的广泛讨论。然后召开最后一次会议进行选举。4 个候选人坐在讲台上，每人面前放一个

①② Anna Louise Strong, *The Chinese Conquer China*, Kansan: Haldeman-Julius, 2003, pp. 89-100.

深口碗，候选人发表演说。由于村里从来没有人听过竞选演说，他们也不知道该说些什么。

“接着，选民排成单行走出大厅，经过一张桌子时，选举委员会发给每人一粒白色小卵石、三粒黑色小卵石、因为这个地区不产豆子。他们再由另一个门走回来，为保密起见，他们要把拳头握起来，依次伸进每一个碗里，把白石子投入想选举的候选人的碗里。在投黑石子时，每一个人也按正确的做法，十分秘密地投入碗内。但在投白子时，大多数人都把它高高举起环顾一下四周之后，才炫耀地投在碗里。他们认为投反对票要保密，这是有策略的，但是赞成票为什么不让人知道呢?”①

际遇离奇而命运多舛的李敦白，曾经是斯特朗的学生。李敦白 1921 年出生在美国南卡罗来纳州，曾在北卡罗莱纳教堂山分校学习哲学，在校时加入美国共产党。1942 年参军，他被送到斯坦福美军语言学校，在那里学习中文，斯特朗就是老师之一。1944 年，他被派往中国，战后留下来参与联合国救济总署的项目并为新华广播电台工作。1946 年，他到了延安，任新华总社英语专家，入了中国籍，并加入中共。他为来访的斯特朗当翻译，接触毛泽东等领导人。1949—1955 年，在苏联的斯特朗被苏联人控为美国间谍，李敦白在中国受到牵连而被关押，直至斯大林逝世、斯特朗在苏联被平反，他才被释放。他曾多年担任中央人民广播电台的外语专家。“文化大革命”期间，他是激进的造反派，后再次因政治原因被关押多年。1977 年，他被平反释放，1980 年返美，1993

① Anna Louise Strong，*The Chinese Conquer China*，Kansan：Haldeman-Julius，2003，pp. 89-100.

年出版了《红幕后的洋人》(*The Man Who Stayed Behind*)，现居美国华盛顿州，是著名的中国问题专家。[①]

五、韩丁

韩丁（William Hinton，1919—2004）关注中国发展 60 年，他的学术研究和家庭都与中国渊源颇深。他早年曾入哈佛大学，后到康奈尔大学学习农机。他也是因为读了斯诺的《西行漫记》对中国革命产生了兴趣。1945 年，他以美国战争情报处分析员身份参与了重庆谈判，并同毛泽东等人多次会谈。1947 年，因联合国救济总署捐助一批拖拉机，韩丁来到河北冀县培养农机人员。在北方大学短期任教后，1948 年韩丁作为工作队观察员，由山西省潞城县（现长治潞城市）人民政府和党委会派到张庄村调查土改绩效。他后来将所见所闻写成《翻身》一书，里面有一段描述豆选的投票方法。

以张庄村贫农团选代表为例，韩丁描述了不识字的农民如何参加选举。当时，每个贫农团从 12 名男性候选人中选出 7 名代表，参加检讨村干部施政的大会。这 12 名候选人先将他们的碗放在院子里的一张长板凳上。参加投票的团员，每人手上有 7 粒黑豆和 5 粒白豆。接着，第一位候选人先离开大院，当这位候选人离开后，贫农团的团员就排队，依序投一粒黑豆或白豆到他的碗里，黑豆代表赞成，白豆代表反对。这一轮结束后，第二位候选人离开大院，团员再依序投黑豆或白豆到他的碗里，如此，经过 12 轮后，才完成投票。接着，由一个 3 人小组进行计票。[②]

---

① 参见 http：//bbs. eduol. cn/2009-10/6/1707383236. html。

② William Hinton，*Fanshen*：*A Documentary of a Revolution in a Chinese Village*，New York：Random House，1966，pp. 229-230.

他写道："不了解土地问题，就不能了解中国革命。"在张庄近一年的时间，他与农民一起生活、劳动，通过记笔记和收集资料，为后来写书积累了大量翔实的材料。但书的出版并不顺利，1952 年他只身回美后，受到麦卡锡主义者的迫害，被当作叛国者，资料被官方扣押，护照被吊销，不能出境。韩丁没有退缩。随后十多年间，除了依靠当汽车修理工、种地谋生外，他还四处演讲、宣传中国，各地听众的支持给了他信心。通过多年努力，他的官司胜了，被扣押的资料也追回来了。《翻身》于 1966 年出版，成为一部西方人研究中国的经典著作。①

韩 丁

图片来源：www.lifeinlegacy.com/2004/WIR20040529.html。

1971 年，韩丁得以重回中国看望家人，后曾担任联合国粮农组织的中国问题顾问，并为促进中国的农业发展、中美交流做了很多工作。

---

① 参见玛雅：《真实韩丁》。载《凤凰周刊》，2004（16）。

六、贝尔登

贝尔登（Jack Belden，1910—1989）是20世纪三四十年代美国战地记者之一，为《生活》（*Life*）和《时代周刊》（*Time*）杂志报道日本侵华及“二战”局势。在解放区时，他不像一般外国记者那样聚集在延安，而是亲自到前线各地去，与士兵和村民接触，从他们的角度进行报道。所以他的记述中人云亦云者少，闻所未闻者多，并且不乏真知灼见。1947—1948年，他在华北农村进行了一年多采访。他发现共产党从国民党手里得到一个村时，通常不去打扰村中的保甲长，不立即举行选举，而是在土改后进行选举。①

根据他的描述，投票当天，老百姓到设在学校或庙里的投票站投票。为了便于不识字的人投票，各地采用了好几种不同的变通办法。一种办法是用不同颜色的碗来代表不同的候选人，选举委员会发给每个人一粒豆子，选民喜欢哪位候选人，就把豆子放在代表他的碗里。另外还有一种豆选办法，比较能保障秘密投票的原则。每个选民先领取好几个不同颜色的豆子，但只有其中一种颜色（比如红色）的豆子算是赞成票，选民在每一位候选人前翻盖的碗下面放一粒豆子，最后谁得的红豆多，谁就当选。②

识字的选民也有几种不同的投票办法。一种方法是先将候选人的名字写在纸上，一人一张，然后挂在墙上，选民用香在他中意的候选人的那张纸上烧个洞。另外一种方

---

① 参见［美］贝尔登：《中国震撼世界》，93页，香港，香港文宗出版社，1952。

② 参见上书，94～95页。

法是将所有的候选人名字写在一张纸上，选民在他中意的候选人的名字下画个圈。有些村也用选票，有时就是一张白纸，选民将他中意的候选人名字写上，也有的选票上印有候选人的名字，选民在中意的候选人旁画个记号。① 投票结束后，选举委员会立刻计票，宣布当选的候选人，并将结果公布在墙上。

贝尔登还记述了霍县石墙村选举农会领导的方法。这个村有 100 户人家，“斗过地主之后，干部们在村中发动组织农民协会，从 155 个会员（其中 30 个是妇女）中选举职员。……关于怎样选举的问题，村中热烈地讨论了很久。没有哪一个参加过选举，而且大部分人是不会写字的。如果用举手来表决，那么第一次选举似乎不够庄严，而且不能秘密。最后大家决定用在碗中投豆的方式来选举，选出了 5 个工作人员”②。民兵队长等也用同样方法选出。

贝尔登也提到当时选举中存在的各种问题。起初人们对选举都很感兴趣，投票率达 80％～90％。后来渐渐不新鲜了，有些人抱怨选举浪费时间，影响干活。还有一个问题就是选出来以后，没有人去监督。没有分地的时候，地主们在村里还很有权。在几百人的小乡村里，村长仍由地主担任。在一些人口较多的村里，村长不是地主就是他的亲信。刚实行选举时，地主只要威胁退佃或解雇，就能当选。后来农民觉悟提高了，地主就让地痞恐吓选民，让

---

① 参见［美］贝尔登：《中国震撼世界》，94～95 页，香港，香港文宗出版社，1952。

② 同上书，210 页。

亲信当点票人，或者作弊，在他们自己的候选人碗里多塞豆子。[①]

虽然有这些问题，贝尔登仍认为，与国民党区域相比，解放区的村政府的优点很多。道理很简单，一个500人的村子，由100多名农民协会成员管理，比让一个有权有势的地主管理是一大进步。他认为解放区的民主比国统区做得好，所以共产党战胜了国民党。而国民党和蒋介石一再宣称，中国人民还没有准备好，还不能实行民主，必须经过一个训政时期。但正如边区政府副主席戎伍胜所说，“如果人民过一种民主的生活，他们的习惯自然会改过来，只有在民主的实施中，你才能学习民主”[②]。

1942年，贝尔登在缅甸任《生活》和《时代周刊》战地记者，借用中缅印战区参谋长史迪威将军的吉普车

图片来源：*Life*，May 18，1942，@1942 *Time*，Inc.。

当时，解放区和国统区确实形成了鲜明的对照。有人形

① 参见［美］贝尔登：《中国震撼世界》，95～97页，香港，香港文宗出版社，1952。

② 同上书，98～99页。

象地概括说，解放区选举领导用豆选，就是人们丢豆投票。而国民党选乡长、保长用炮选，就是地主恶霸打炮，争当乡长。豆选和炮选，说明了谁是真民主，谁是假民主。[①]

贝尔登看到，乡村革命具有民主发展的潜力，与国民党相比，共产党由于得到人民的喜爱而获得了权力，通过较好地满足人民的需要，赢得了人民对党的事业的支持。但是为了这个，共产党建立了一个全新的权力机器。他们也许诚挚地倾向于代表老百姓的利益，但是这个权力机器也可能倾向于为自身的利益存在。他警告说，因此将出现新的精英，一批站在群众之上的管理者。这会带来一种危险，即统治者不受民主制衡，可能把他们自己混同于上帝。对于社会应该如何发展，他们也许会把私人的观点扩大成独断的意见，把他们的梦想强加于人，酿成严重的政治错误。[②] 后来历史的发展证明，他的这种看法是很有预见性的。不受民主制衡的权力机器，将为维护自身的存在而犯错误，最终的受害者是国家和人民。

小　结

上述几位西方人士是有着奇特人生际遇的一群人。他们怀着各自的信念、追求或者因为偶然的原因离开自己的国家，作为一个微弱的个体，在共产主义与资本主义、战争与和平、敌方与友方、民主与专制等多种强力的对峙和冲突中，将自身的沉浮、家庭的悲欢离合与中国的命运绑在一起。他们的

---

① 参见《学生座谈会》，见史红军：《巴山英魂》，155 页，北京，解放军出版社，1987。

② 参见 http：//en. wikipedia. org/wiki/Jack _ Belden。

记录不仅见证了那段历史，也提供了独特的视角。也许因为这些人对于共产党、民主、社会主义的理念与国人不同，也许因为他们虽然身临其境但却能相对地置身事外，这种特殊的位置使他们的观察比较客观。他们关注中国的存亡和发展之道，也注意到豆选的可贵，得到的结论是共产党实行民主有助于获得人民支持。

美国外交官谢伟思曾经到延安访问，与毛泽东、周恩来等中共领导人进行过长谈。抗日战争末期的 1944 年 9 月，他在一份电文中写道，中共军队迅速壮大，“只有在获得根据地民众支持的情形下才是可能的。在那种特定的环境下，中共所获得的广泛支持，实际上意味着中共的政策和方法具有民主的特色”[①]。谢伟思虽然没有目睹共产党在边区实行民主豆选，但从上面几位外国专家的描述中，他的见解得到强有力的印证。

第四章　豆选的操作办法

近年上演的河南豫剧《蓝花碗金豆子》，以根据地豆选用的蓝花碗、金豆子为象征，颂扬了当时的民主政治。[②] 豆选过程中，除了碗和豆，如何产生候选人、如何计票、如何防弊、如何做到秘密投票，也都是需要注意的细节。

一、豆子的种类、数目和颜色

用一粒豆子代表一张选票，豆子被赋予了深刻的寓意，

---

① Joseph W. Esherick, *Lost Chance in China: The World War* Ⅱ *Dispatches of John S. Service*, New York: Random House, 1974, p. 217.

② 参见《豫剧〈蓝花碗金豆子〉在京演出》，载《光明日报》，2005-09-28。

虽然是普通的黄豆、白豆，但它们代表的价值，却异常珍贵。因此在豆选歌谣中，这些普通的黄豆和白豆被形容为“金豆豆、银豆豆”。

豆子是我国一些北方地区盛产的农作物，用豆子选举有就地取材的便利。除了黄豆[①]、白豆[②]，有的地方也用黑豆[③]、蚕豆[④]、绿豆[⑤]、红豆[⑥]、豌豆[⑦]、胡豆[⑧]、玉米[⑨]（或称苞谷[⑩]、棒子[⑪]、玉黍粒[⑫]）等等。不产豆子的地方，就用别的

---

① 参见魏艾民：《豆选》，载《政工学刊》，2007（9）。

②③ William Hinton, *Fanshen: a Documentary of a Revolution in a Chinese Village*, New York: Random House, 1966, pp. 229-230.

④ 参见赵德琰：《我所亲历的西宁手工业》，见中国人民政治协商会议西宁市城中区委员会文史资料委员会编：《西宁城中文史资料》（第13辑），59页，西宁，中国人民政治协商会议西宁市城中区委员会文史资料委员会，2001。

⑤ 参见黄洪旺：《从豆选到竞选——县乡选举的足迹》，载《领导文萃》，2006（9）。

⑥ 参见［美］贝尔登：《中国震撼世界》，94～95页，香港，香港文宗出版社，1952。

⑦ 参见林书岭：《生命的见证：回眸曾经的岁月》，72页，北京，中国社会出版社，2006。

⑧ 参见游樵：《回忆目睹和参与多次基层选举及对民主的思考》，见吴祚来编：《世纪宝典中华老人诗文书画优秀作品选集》（诗文卷），126页，北京，长城出版社，2000。

⑨ 参见姬晓东：《米脂高西沟村“退耕还林”五十年启示录》，见榆林新闻网，2005-07-09。

⑩ 参见《燃情岁月——走过那座村庄》，见央视网，2005-04-19。

⑪ 参见中共临西县委党史研究室：《卫运河畔的烽火》，332～342页，邢台，邢台市新华印刷厂，1995。

⑫ 参见魏宏运：《冀东农村社会调查与研究》，123～124页，天津，天津人民出版社，1996。转引自《冀东日报》，1947-08-25、1948-07-12。

替代物。淮南用过芦苇[①]，湖北用卵石[②]，江苏盐阜用柴棒[③]。

豆子的数目和颜色也是有讲究的。有些地方，豆子的数目和应选人数相等。比如，才溪乡选 5 个代表，就发 5 颗黄豆给每个选民。[④] 这种做法的一个缺点是，有人可能会将手上的豆子多投几颗给他特别中意的候选人。另一个缺点是，如果对候选人没有特别的喜好，可能索性把豆子都投给坐在前面的几位候选人。[⑤]

在候选人比较少的情况下，有些地区用不同颜色的豆子代表不同的候选人。譬如陕甘宁边区发给每个选民黑豆、黄豆、玉米等各一粒，分别代表不同的候选人。[⑥]

还有些地方，不同颜色的豆子是用来代表赞成或反对。山西省潞城县张庄村贫农团从 12 名候选人中选出 7 名代表，参加投票的团员，每人手上有 7 粒黑豆和 5 粒白豆，黑豆代表赞成，白豆代表反对。[⑦] 湖北选村长时，每人发 1 粒白色

---

① 参见张鸣：《中共抗日根据地的政权选举与文化的复归》，见王先明、郭卫民编：《乡村社会文化与权力结构的变迁：华北乡村史学术研讨会论文集》，278～279 页，北京，人民出版社，2001。

② 参见李寿葆、施如璋主编：《斯特朗在中国》，192～193 页，北京，生活·读书·新知三联书店，1985。

③ 参见盐城市地方志编纂委员会编：《盐城市志（中册）》，2004 页，南京，江苏科学技术出版社，1998。

④ 参见吴重庆：《革命的底层动员》，载《读书》，2001 (1)。

⑤ 参见 [英] 伊莎白·柯鲁克、大卫·柯鲁克：《十里店》(一)，188 页，上海，上海人民出版社，2007。

⑥ 参见力民：《中国需要真正的普选——人民文化水平低就不能实行民选吗?》，载《新华日报》，1946 - 01 - 24。

⑦ William Hinton，*Fanshen*：*A Documentary of a Revolution in a Chinese Village*，New York：Random House，1966，pp. 229-230.

小卵石和 3 粒黑色小卵石，白色表示赞成，黑色表示反对，分别投给 4 位候选人。[①] 合作社选 5 个理事，就发给社员黄豆、黑豆各 5 粒，赞成某人投黄豆，反对某人则投黑豆。[②] 在山东江村，赞成投棒子，不赞成投黑豆。[③] 也许是因为红色在中国的文化传统中代表喜庆、吉利，很多地方是用红豆来代表正面、赞成的意思。

在某些地区，有人将私自携带的黄豆投到候选人碗里，于是组织者把黄豆涂上红、黑等颜色发给村民，计票时没涂色的豆子无效。[④]

二、碗的种类和摆置

豆选一般是把豆投到碗里。所用的碗，有人提到瓷碗[⑤]，土碗[⑥]，甚至纸糊的碗[⑦]。韩丁认为，在中国北方的农村，由于长久的贫穷，很多农民的碗都是从小用到老。碗破了，如果能补，还会请修碗的师傅再修补好，他们死后，再把碗传

---

① 参见李寿葆、施如璋主编：《斯特朗在中国》，192～193 页，北京，生活·读书·新知三联书店，1985。

② 参见《合作社的经营》，见沈经保编著：《实用农村合作》，26 页，南京，正中书局，1947。

③ 参见中共临西县委党史研究室：《卫运河畔的烽火》，332～342 页，邢台，邢台市新华印刷厂，1995。

④ 参见魏艾民：《豆选》，载《政工学刊》，2007（9）。

⑤ 参见李金明：《晋察冀军民征战纪实》，214 页，北京，解放军文艺出版社，2002；于德学、袁占先：《雄风：六十四军征战纪实》，168 页，沈阳，白山出版社，2004；周均伦《聂荣臻的非常之路》，49～50 页，北京，人民出版社，2004。

⑥ 参见周忠华：《走进朱家桥村》，载《公民导刊》，1999（10）。

⑦ 参见中共临西县委党史研究室：《卫运河畔的烽火》，332～342 页，邢台，邢台市新华印刷厂，1995。

给下一代用。由于碗和农民关系这么密切，用于选举也反映了人与碗之间不可分割的关系。

投豆时，人们不一定都用碗，有时也用其他容器，如罐①、袋子②、茶杯③、缸子④、碟子⑤、竹筒⑥、斗⑦、篮子⑧、面盆⑨、票箱⑩，在新疆还用过帽子⑪，当代也有人用塑料盆⑫、纸箱子⑬。

现存关于豆选的图片，碗一般都是向上敞开放的。用敞

---

①② 海门，中国人民政治协商会议海门县委员会文史资料委员会，参见力民：《中国需要真正的普选——人民文化水平低就不能实行民选吗?》，载《新华日报》，1946－01－24。

③ 参见王德范：《海中区江西乡游击教育的回忆》，见中国人民政治协商会议海门县委员会文史资料委员会编：《海门县文史资料》（第10辑），95页，海门，中国人民政治协商会议海门县委员会文史资料委员会，1991。

④ 参见李雪：《艰苦斗争的年代》，见中共建平县委党史资料征集办公室编：《烈火春秋》，153～159页，建平，中共建平县委党史资料征集办公室，1985。

⑤⑥ 参见唐世凡：《投豆选举》，见中国人民政治协商会议湘潭县委员会文史资料研究委员会编：《湘潭县文史》（第6辑），188页，湘潭，中国人民政治协商会议湘潭县委员会文史资料研究委员会，1991。

⑦ 参见王惠岩、张创新：《中国政治制度史》（下册），365页，长春，吉林大学出版社，1989。

⑧ 参见史春荣、史伟：《泾川：村民合力修大桥》，见 http://pl.gansudaily.com.cn/system/2007/03/14/010286371.shtml。

⑨ 参见刁筠寿：《和含抗日根据地的群众工作》，见 http://www.ahhs.gov.cn/book_list.asp?id=1288。

⑩ 参见阳耕：《对广北县民政工作的回忆》，见中共广饶县委党史资料征集研究办公室编：《广饶党史资料》（第五辑），66～67页，广饶，中共广饶县委党史资料征集研究办公室，1989。

⑪ 参见《燃情岁月——走过那座村庄》，见央视网，2005－04－19。

⑫ 参见本清：《村民“豆选”扶贫建设项目》，载《乡镇论坛》，2008（7）。

⑬ 参见《保康财政扶贫项目实行百姓“豆选”制》，见湖北襄樊党建网，2004－05－18。

口的碗，后投的人能看见哪个碗里豆多、哪个豆少，于是可能会受影响。人们意识到这个问题，就把碗上盖一层纸，让投票者从碗边把豆子投进去。[①] 有的地方选举前把碗口朝向群众，证明碗是空的，然后再当众用红纸糊严，中间挖个豆大的洞[②]，豆子从洞口投进去。蒙上一层纸有几个好处，一是不让后投的人看出前面的人投了谁、投了多少，以免受到影响；二是把豆子从小洞投进去，就不容易多投（自己偷带的豆），也不能把别人投的豆从碗里拿出来。

此外，也有“倒扣着的碗”。在和乐乡，人们把碗翻转来扣在台上，在碗前用红纸写上候选人的名字。选民先将豆子放在理想候选人的碗底上，再由监选人把所投的豆子放进碗底下，以避免选举人盲目向豆子多的碗上投。[③]

有的地方用不同颜色的碗代表不同的候选人[④]，也有的用不同颜色的袋子代表不同的候选人[⑤]。采用这类做法时，豆子的颜色可以是一样的。

---

① 参见力民：《中国需要真正的普选——人民文化水平低就不能实行民选吗?》，载《新华日报》，1946-01-24。

② 参见张明坤：《中南第一个供销合作社——于庄供销社》，见中国人民政治协商会议许昌县委员会学习宣传文史资料委员会编：《许昌县文史资料》（第6辑），121～122页，许昌，中国人民政治协商会议许昌市委员会学习宣传文史资料委员会，1993。

③ 参见《关于民政部门的工作问题》，见中南军政委员会民政部编：《民政工作手册》（第三辑），253～259页，武汉，中南人民出版社，1951。

④ 参见［美］贝尔登：《中国震撼世界》，94～95页，香港，香港文宗出版社，1952。

⑤ 参见黄齐生：《延安选举见闻记》，载《贵州文史丛刊》，1981（1）；原载《民主》，1946-03-30。

三、候选人产生办法

虽然都是豆选，候选人的产生办法也是多种多样的。有的是由上级提名，如安徽巢湖地区选举参议会议员时，由各区乡提出候选人名单。① 1950 年，湖南白沙乡的正、副乡长，农协正、副主席都是上级提名的，一般都能当选。② 还有一类是党组织提名。如陕北安塞县乡长、副乡长、村长候选人都由党内提出。③ 1944 年江都县真武区乡选时，一般由党支部提名。解放初期的堰城黄庄信用社则是由党支部推荐监、理事会候选人。④ 黑龙江一些地区用一种称为“一声雷”的办法，由党支部将代表候选人讨论好后，不经群众酝酿，由党员带头呼名喊好，一致通过。⑤ 此外还有由农民组织提名。如 1942 年涉县选村委会时，由村农会提出村委会的候选人名单。⑥ 云南富良棚由贫雇农团提出村长候选人。⑦ 贵阳云岩区

---

① 参见刁筠寿：《和含抗日根据地的群众工作》，见 http://www.ahhs.gov.cn/book_list.asp?id=1288。

② 参见于建嵘：《乐村政治——转型期中国乡村政治结构的变迁》，224～225 页，北京，商务印书馆，2001。

③ 参见老虎庙：《图说中国“豆选”》，见 http://www.my1510.cn/article.php?id=6947a15ca77f80a1。

④ 参见周跃海：《解放后郾城信用第一社——黄庄信用社》，见中国人民政治协商会议郾城县委员会学习文史委员会编：《郾城文史资料》（第 13 辑），54～56 页，郾城，中国人民政治协商会议郾城县委员会学习文史委员会，2002。

⑤ 参见《合江省政府关于全省建政工作总结》，见黑龙江省档案馆编：《黑龙江革命历史档案史料丛编——建立政权》，42～46 页，哈尔滨，黑龙江省档案馆，1987。

⑥ 参见《偏城县大事记》，见中国人民政治协商会议涉县委员会文史委员会编：《光辉的历程——偏城置县治始末》，226～229 页，涉县，中国人民政治协商会议涉县委员会文史委员会，2002。

⑦ 参见夏莉娜：《寻访一届全国人大代表李桂英》，载《中国人大》，2008 (9)。

六冲村由农协小组提名农协委员会候选人。[1]

黑龙江也有地方通过初选产生候选人。有个村让公民小组随意提，结果10个小组提了60多人不重名，以票多者为正式候选人。[2] 这个办法和20世纪80年代吉林梨树村村委会选举时采用的“海选”是一样的。其他地方也有类似的初选办法。比如湖北有些地区先通过全体村民会议，选出几位村长候选人。[3] 冀东地区选农会代表时，先由村里通过“争吵”提出候选人，以示认真。[4] 鲁南费县土改时期，全县300个村开代表会，候选人全部由小组提出并计票，然后把各组候选人名单及票数集中，把票数最多的19人作为正式候选人提到大会审查，逐一报告情况，大家讨论后发现3个人不够条件就取消其资格。[5] 河南赊旗镇解放后，每10户投豆选出1名代表，从代表中产生各行各业工商业组织的负责人。[6] 临清江村贫农团的选举程序比较复杂，而且按性别定候选人数。

---

① 参见贵阳市云岩区地方志编纂委员会编：《贵阳市云岩区志》（上册），340页，贵阳，贵州人民出版社，2005。

② 参见《合江省政府关于全省建政工作总结》，见黑龙江省档案馆编：《黑龙江革命历史档案史料丛编——建立政权》，42～46页，哈尔滨，黑龙江省档案馆，1987。

③ 参见李寿葆、施如璋主编：《斯特朗在中国》，192～193页，生活·读书·新知三联书店，1985。

④ 参见魏宏运：《冀东农村社会调查与研究》，123～124页，天津，天津人民出版社，1996。转引自《冀东日报》，1947-08-25、1948-07-12。

⑤ 参见《费县土改运动经过概况》，见《沙洪纪念文集》编委会编：《沙洪纪念文集》，100～102页，北京，中国和平出版社，2005。

⑥ 赊旗镇1965年改为社旗县。参见《赊店沧桑——社旗镇接管与改造工作概述》，见中共南阳市委党史研究室编：《治宛大考：南阳城镇接管与改造史录》，159～160页，北京，中国和平出版社，1998。

先由各组按票选、口头选或投豆，初步提出候选人。然后代表们集中名单后，又带回各组酝酿，几天后选出 50 名候选人，其中 20 名妇女。最终，选举决定贫农团委员 15 人，即男 10 女 5。选的时候男女分开，两次选出，都用投豆。第一次选出 20 个男人 10 个女人，第二次选出 10 个男人 5 个女人。①

四、差额选举

在苏区、边区和解放初期的大量豆选实例中，差额选举似乎是常态，等额选举是特例。下面我们用几个例子来说明。苏区选乡代表时，从 10 位候选人中选 5 人②，或从 6 位中选 3 人③。晋察冀边区选村委会委员，候选人数一般是当选者的 2 倍。④ 冀鲁豫边区选正副村长 2 人，候选人是 6 位。⑤ 湖北选村长 1 人，候选人是 4 位。⑥ 哈尔滨的一个村选村长 1 人，候选人 10 位。⑦ 山西潞城贫农团选举 7 名代表，候选人 12 位。⑧ 候选人数并非一成不变，如延安村选时，1944 年候选人七八位，1945 年有 4 位，1946 年只有 2 位，人数逐年减少，

---

① 参见中共临西县委党史研究室：《卫运河畔的烽火》，332～342 页，邢台，邢台市新华印刷厂，1995。

② 参见吴重庆：《革命的底层动员》，载《读书》，2001 (1)。

③ 王淑凤、胡永利：《中央苏区的基层民主选举》，载《山东社会科学》，2002 (3)。

④ 参见［德］王安娜：《中国——我的第二故乡》，340～341 页，北京，生活·读书·新知三联书店，1980。

⑤ 参见韶华：《体验选举》，载《北京观察》，2000 (9)。

⑥⑦ 参见李寿葆、施如璋主编：《斯特朗在中国》，192～193 页，北京，生活·读书·新知三联书店，1985。

⑧ William Hinton, *Fanshen: A Documentary of a Revolution in a Chinese Village*, New York: Random House, 1966, pp. 229-230.

最后差额的比例是 2 选 1。[①] 1952 年，合肥三孝口居委会是从 17 个居民小组长候选人当中，选出 7 人担任居委会正、副主任和各委员。[②] 也有少数的地区采用等额选举。比如新正县 1941—1945 年乡选时，候选人数与应选人一样多。[③]

五、计票方法

豆选时，计票就是数豆子，有的叫“统票”，一般以得豆较多者当选。如河南于庄合作社，从 7 个候选人中选 3 人。参选社员 76 人，每人发 3 粒豆，共计 228 粒。得豆较多的前三名当选，第四名以一豆之差落选[④]；或按豆数排职序，如得票最多者当选村长，次者为副村长[⑤]；或得票最多者任乡长，次多者 4 名任委员[⑥]。

有的地方规定，过半数者当选。如福建南平 1953—1954 年选乡镇人民代表时，规定必须有半数以上选民参加才有效，

---

① 参见李寿葆、施如璋主编：《斯特朗在中国》，192～193 页，北京，生活·读书·新知三联书店，1985。

② 参见郎早正、郎章正：《合肥首个社居委 57 年前“豆选”产生》，见 http://news.xinmin.cn/rollnews/2009/12/24/3145212.html，2009－12－24。

③ 参见《新正县实行“三三制”民主政权概况》，见中共庆阳地委党史资料征集办公室编：《陕甘宁边区时期陇东民主政权建设》，639 页，兰州，甘肃人民出版社，1990。

④ 参见张明坤：《中南第一个供销合作社——于庄供销社》，见中国人民政治协商会议许昌县委员会学习宣传文史资料委员会编：《许昌县文史资料》（第 6 辑），121～122 页，许昌，中国人民政治协商会议许昌市委员会学习宣传文史资料委员会，1993。

⑤ 参见夏莉娜：《寻访一届全国人大代表李桂英》，载《中国人大》，2008（9）。

⑥ 参见《新正县实行“三三制”民主政权概况》，见中共庆阳地委党史资料征集办公室编：《陕甘宁边区时期陇东民主政权建设》，639 页，兰州，甘肃人民出版社，1990。

候选人得票也必须超过投票人的半数。[①] 湖南茶市乡选乡政府成员，从 8 人中选 7 人，选民投 7 粒豆，候选人得票过半才能当选。[②] 四川铜梁县各村干部候选人一般是 9 人，投票时选多少名干部就发给村民几粒豆，超过参选人半数者当选。[③] 这个标准较严，可能出现选不足数的结果。四川汶川的做法是，如果 9 名候选人得票都过半数，算一次选举成功；如果还有 3 人不过半，再进行差额补选。[④]

有些地区用不同颜色的豆子来代表同意或反对。比如韩丁提到张庄村贫农团选代表时，给每人发 7 粒黑豆、5 粒白豆，黑豆表示赞成，白豆表示反对，分别投给 12 个候选人。这样做在投票时很清楚，但计票可能比较复杂。[⑤]

假如有一个候选人的碗里有 8 粒黑豆和 4 粒白豆，但另一位候选人的碗里有 6 粒黑豆，而没有白豆，如何计算哪一位候选人得票较多？如果 1 粒黑豆算正一分，而 1 粒白豆算

---

① 参见廖云泉等：《南平市志》，1085 页，北京，中华书局，1994。

② 参见戴述秋：《民国时期衡阳政权机构略述》，见中国人民政治协商会议衡南县委员会文史资料研究委员会编：《衡南文史资料》（第 2 辑），衡南，中国人民政治协商会议衡南县委员会文史资料研究委员会，1990。

③ 参见董照莱：《回忆进军西南及到铜梁后接管旧政权建设新政权工作的概况》，见中国人民政治协商会议铜梁县委员会文史资料委员会编：《铜梁文史资料》（第 3 辑），16～17 页，铜梁，中国人民政治协商会议铜梁县委员会文史资料委员会，1990。

④ 参见袁永发：《回顾汶川县二区减租退押、清匪反霸工作》，见中国人民政治协商会议汶川县委员会文史资料委员会编：《汶川县文史资料选辑》（第 6 辑），86～90 页，汶川，中国人民政治协商会议汶川县委员会文史资料委员会，1987。

⑤ William Hinton，*Fanshen：A Documentary of a Revolution in a Chinese Village*，New York：Random House，1966，pp. 229-230.

负1分，分数总加。那样的话，第一位候选人总共得4分，输给第二位的6分。但如果计票时只算黑豆，不算白豆，那第一位候选人的得分是8分，就比第二位的4分要高。还有一种计票法是“黑豆多于白豆者当选”[①]，但有可能当选的人数不足额。

以下说明几种计票办法可能造成的不同结果。如果只算黑豆，那（A，B，C，D，E，H，I）当选；如果黑豆和白豆相加，那（A，B，C，D，E，F，G）当选；如果黑豆比白豆多的当选，那只有（A，B，C，D，E）5个候选人当选。由此例可见，不同的计票方法，有可能选出不同的结果。到目前为止，我们还无法从文献中找到豆选法或红绿票法的具体计票方法。

	黑	白	共计
A	12	0	12
B	12	0	12
C	12	0	12
D	12	0	12
E	12	0	12
F	4	5	−1
G	4	5	−1
H	5	7	−2
I	5	7	−2

① 张鸣：《中共抗日根据地的政权选举与文化的复归》，见王先明、郭卫民编：《乡村社会文化与权力结构的变迁：华北乡村史学术研讨会论文集》，278页，北京，人民出版社，2001。

J	3	8	−5
K	3	9	−6
L	0	9	−9

前文提到英国17世纪时在美洲殖民地的马萨诸塞、康涅狄格和宾夕法尼亚等地也采用豆选法，他们用玉米代表赞成票，用青豆代表反对票，但实际如何算票，也缺乏完整的说明。其中的一个例外是哈特福德殖民地。根据当地1638年的宪法，投票人要用豆选选出6名代表。如果在候选人中，有多于6名得的赞成票超过反对票，以超出最多的6名当选。如果不足6名，则在另外的这些候选人中，以得赞成票较多的补足差额。至于为什么不用赞成票减掉反对票得到的分数来取前六名，没有任何解释。

六、如何防止作弊

在一部小说中，提到村里选举农会主席时有两个候选人，在桌子上摆两个碗，分别把写着两个候选人名字的纸条压在碗下。主持人特意向大家说明，左边的碗是某某的，右边的碗是某某的。投票结果出人意料，大家公认的人缘不好的人反而得豆最多当选了。于是工作人员反省，事先考虑不周，两个碗放得太近了，又没指派人监选。投豆时有人特意挡住工作人员的视线，可能趁机捣鬼了。①

还有人私带大把豆子，想要作假。可能当时这种现象比较普遍或突出，选委会懂得如何对付。有些地方在开选前换

① 参见刘景华：《往事如烟》，533页，北京，京华出版社，2005。

豆子，群众也不忌讳，在会上把自带的豆子撒了一地。[①] 有些地方就把豆染色在选举时发给选民，私带的豆子没有颜色，发现了算废票。[②]

有的地方采取了若干监督措施，如指定或选出监票员、计票员负责监督领票、发票、投票、计票。发票时每个代表凭代表证领豆，发完后清点实到代表数、领豆数和实际发豆数，无差错后投票。投完点数，要是收回数少于发出数选举有效，多则无效。[③]

七、豆选是否满足了秘密投票的原则？

在投票会场，候选人一般是坐成一排，有的地方让几个候选人面向墙壁站着，身后放一条板凳，板凳上放几个碗。[④] 有的地方让候选人坐成一个圈，每人背后放一个碗。[⑤] 有的地方把候选人的碗摆成长方形，让选民逐个投豆，不能一拥而上。[⑥]

---

① 参见《合江省政府关于全省建政工作总结》，见黑龙江省档案馆编：《黑龙江革命历史档案史料丛编——建立政权》，42～46 页，哈尔滨，黑龙江省档案馆，1987。

② 参见魏艾民：《豆选》，载《政工学刊》，2007（9）。

③ 参见袁永发：《回顾汶川县二区减租退押、清匪反霸工作》，见中国人民政治协商会议汶川县委员会文史资料委员会编：《汶川县文史资料选辑》（第 6 辑），86～90 页，汶川，中国人民政治协商会议汶川县委员会文史资料委员会，1987。

④ 参见李春雷、李亮：《赤岸：邓小平在晋冀鲁豫》，204～206 页，石家庄，花山文艺出版社，2004。

⑤ 参见《专题调查与回顾》，见中共北京市委党史研究室、中共北京市委农村工作委员会编：《京郊五十年》，288 页，1999。

⑥ 参见《费县土改运动经过概况》，见《沙洪纪念文集》编委会编：《沙洪纪念文集》，100～102 页，北京，中国和平出版社，2005。

碗有时放在候选人面前[①]，但更多的是放在身后[②]。碗放在面前显然不太好，放在身后，候选人就看不见人家有没有投他的票。如果被候选人看到的话，会影响一些选民的自主性，因为本乡本土的，低头不见抬头见，人们不愿意为此伤了和气，于是可能违心地投豆。为了避免候选人在场可能影响选民投豆，有的地方用黑布蒙住候选人的眼睛。[③] 有些地方在碗上贴候选人的名条，把碗摆在选举会场一角或一个房间内，候选人不能在场，只许监选人在场。选民依次进入会场。但是对于不识字的人，仍需由监票人解释哪个碗代表哪个候选人。[④] 有的地方既注名字，又要候选人在场。晓肇乡

---

① 参见中共临西县委党史研究室：《卫运河畔的烽火》，332～342页，邢台，邢台市新华印刷厂，1995；戴述秋：《民国时期衡阳政权机构略述》，见中国人民政治协商会议衡南县委员会文史资料研究委员会编：《衡南文史资料》(第2辑)，衡南，中国人民政治协商会议衡南县委员会文史资料委员会，1990；罗国泉：《建国初期邛崃城关工商业概况》，见中国人民政治协商会议邛崃县委员会文史资料研究委员会编：《邛崃文史资料》(第7辑)，118页，邛崃，中国人民政治协商会议邛崃县委员会文史资料委员会，1993。

② 参见力民：《中国需要真正的普选——人民文化水平低就不能实行民选吗？》，载《新华日报》，1946-01-24；衡南，中国人民政治协商会议衡南县委员会文史资料委员会，伊莎白·柯鲁克、大卫·柯鲁克：《十里店》(一)，188页，上海，上海人民出版社，2007；《政权政协》，见魏景瑞、陶洪信、杨新民编：《平度县志》(第5编)，116页，平度，平度县地方史志办公室，1987；韶华：《体验选举》，载《北京观察》，2000(9)。

③ 林书岭：《生命的见证：回眸曾经的岁月》，72页，北京，中国社会出版社，2006。

④ Anna Louise Strong，*The Chinese Conquer China*，Kansan：Haldeman-Julius，1949，pp. 89-100；另见李寿葆、施如璋主编：《斯特朗在中国》，190～195页，北京，读书·生活·新知三联书店，1985；孙镁耀、刘书林主编：《选举工作手册》，375页，哈尔滨，哈尔滨出版社，1989。

投票时，每个席位一只碗，碗上蒙纸，纸上写名字，候选人按名字入席，背对着碗。[①] 这样注名可能有助于计票时不混淆。松柏乡投票的首选方法是让候选人不在场，即按候选人人数摆上相应的碟子或竹筒，上面分别粘张纸，编上号码并写上候选人的名字，选民将豆投入。实在不行才让候选人出场，"如果选民对候选人的编号和名字感到难记、难认，主持者即叫候选人坐在一排，将书写着各自名字的碟子或竹筒放在每个人背后，让选民投豆选举"[②]。韩丁介绍的张庄采用的方法稍有不同，选民对每一位候选人逐个分别投票，当对某一候选人投票时，此人离开现场暂时回避[③]，这样就不需要有监票人在现场解释哪个碗代表哪位候选人。

候选人不在场，虽然防止了投票情形被候选人看到，但是在场的监选人或其他选民仍然可以暗自在心里查数。[④] 于是，有的选民假装做出姿势，把每个人的碗都掀一掀，向里伸伸手，好让别人看不出来选谁不选谁。[⑤] 有的地方在候选人背后的碗里加上水，选民投票时旁边的人比较听不出和看

① 参见卢绍庭、钱峻林：《民主建政时期的豆选法——记抗日民主根据地唐洋区晓肇乡的民主选举》，见中国人民政治协商会议东台县委员会文史资料研究委员会编：《东台文史资料》（第二辑），南京，《江苏文史资料》编辑部，1985。

② 唐世凡：《投豆选举》，见中国人民政治协商会议湘潭县委员会文史资料委员会：《湘潭县文史》（第6辑），188页，湘潭，中国人民政治协商会议湘潭县委员会文史资料研究委员会，1991。

③ William Hinton，*Fanshen*：*A Documentary of a Revolution in a Chinese Village*，New York：Random House，1966，pp. 229-230.

④ 参见张一弓：《最后一票》，载《文汇月刊》，1981（12）。

⑤ 参见方立：《步步登天》，50～58页，北京，工人出版社，1951。

不清他是否有向碗里投豆。[①] 还有些地方，发给选民的豆子与候选人数相同，有几位候选人，就发给每个选民几粒豆(或卵石)，而用不同的颜色表示投赞成票或反对票。这样一来，无论选或不选某人，选民都要给每个候选人的碗里放一粒豆子，旁人比较难看出他投的是黑豆或白豆。还有一种方式是先发给不同颜色的豆，再发小纸一张，让选民把代表某位候选人的颜色的豆包在纸里，再投到一个袋子里。[②] 1947年有关合作社的文献中也提到，由检票人拿个空布袋，递送到社员面前接豆。[③]

黄齐生列举延安的两种投豆办法说，无论哪种办法，都强调秘密性。用碗投票时，用红黄蓝白四种颜色的豆子表示四个候选人，例如红代表赵，黄代表钱，蓝代表孙，白代表李。当选之人只有两名，投豆者愿选姓孙的投蓝豆，选姓赵的投红豆。选举监督要向大家说明，“投时务令人不知其投哪一个，以免招忌招恨”。另外一种办法是，用袋子投票时，用红黄蓝白四个袋子代表赵钱孙李四个候选人，豆子是一样颜色的。如果当选人仍为两名，愿意选姓钱的，把豆投进黄袋子，愿意选姓李的，把豆投进白袋子。“但有一点，投豆人要向四个袋子都作投豆状，使旁观者不知投了哪个，也为免受别人忌恨。”[④]

---

① 参见杨居人：《拂晓报史话》，96～97页，北京，新华出版社，1987。

② 参见力民：《中国需要真正的普选——人民文化水平低就不能实行民选吗?》，载《新华日报》，1946-01-24。

③ 参见《合作社的经营》，见沈经保编著：《实用农村合作》，26页，南京，正中书局，1947。

④ 黄齐生：《延安选举见闻记》，载《贵州文史丛刊》，1981(1)，原载《民主》，1996-03-30。

小 结

豆选之所以受到农民的欢迎，一则是因为农民终于有了投票权，但主要的原因是农民投票时能有机会自由地表达意愿，不会顾忌被地主报复。要让农民自由地表达意愿，前提是豆选必须在程序上满足秘密投票的原则。也就是说，农民在投票时，不单是候选人，其他在场的人也都无法知道他投给了谁。但是，总有人不希望选民自由表达意愿而影响自身利益，他们的做法是利用豆选程序上的缺失——无法做到完全的秘密投票，这样他们才有机会用威逼利诱的手段操纵选举。除了秘密投票一环，有权有势的人会在选举的各个环节，想方设法操纵选举。任何选举，程序上的完善或缺失，往往经过各方势力的拉扯，是一种政治较量的过程和结果。

第五章 其他投票办法

除了前述豆选等方法外，根据地、解放区、建国初期可能还出现过其他一些比较特殊的办法①，与豆选相比，它们各有利弊。

一、烧圈烙洞

烧香洞和豆选曾经是边区最常用的两种办法，1944 年的诗句“烧圈投豆各安排”概括了这种情况。烧圈法，也叫烙票法、烧洞法、烧香洞、燃香点洞、燃香烙洞、烧窟窿等。

① 这部分所引用文献以史料为主，但也包括少数文艺性作品，其所述可能并非史实。

据说当时较常用，但不及豆选广泛。事先印好候选人名单，选民在自己满意的候选人的名字附近用香烧个洞。如果选民不识字，需要设法让选民记熟。

烧洞办法有很多种。如每个选民领到选票一张，香头一个，大会主席团主席详细介绍候选人，由选民自由选择。同意谁，就在其名字上烧个洞，投入票箱。这种做法又分两种，一是“大票烧洞法”，就是将候选人名字写在大纸上，选民按自然村分成若干小组，各组排成顺序，一个一个地被叫到大票面前。主席团主席读候选人名单，由选民自由选举，赞成谁，就在其名字上烧个洞；二是“编号烧洞法”，就是先将候选人编成号码，将他们的名字连同号码写在一张大纸上，然后发给每个投票人一张选票，上面印有候选人号码。由主席团主席宣读大纸上的候选人及其号码，读毕，选民自由选择。同意谁，就在其名字上烧个洞，投入票箱。这两种办法都适合人口密集地区，便于没有文化的选民参加乡市选举。但是，“大票烧洞法”不够秘密，有的选民感到为难。“编号烧洞法”比较复杂，有的选民理解不了。①

《老主任》一文，描写的是东北解放后、全国解放前夕，某区干部先到一个村开建政会，号召大家选出可心的人成立人民代表会，建立政府。往后代表会决定的事，交给政府照办。于是村里成立选委会，农会主任当主席，编上临时公民小组，大伙细心审查公民。选举的时候，候选人都坐在长板

---

① 参见杨永华主编：《中国共产党廉政法制史研究》，158页，北京，人民出版社，2005。

凳上，按次序给他们戴上号码，由左往右按一、二、三……的顺序排。每个公民发一张票、一个香头，在票上也是由左往右写上一、二、三……群众从头到尾看看候选人和他们身上戴的号码，拿着票和候选人身上的号码对一对。老主任是二号，他就是一个可心的人。村民“背过身或走到墙角去，偷偷地用香在‘二’号底下烧个眼”，然后又去找另外的可心人。大家说，这个办法比“一声雷”和投豆好。有人说：“‘一声雷’，打不开情面，直随大流。投豆直闹鬼，监选人一眼看不到就多扔两个，再说你往谁碗扔豆大伙都能看见。”①

河南郏县在解放前后，选举乡农民协会干部时用“丢豆”的办法，1949年选县农民协会时用“烧窟窿”法。县农协选举投票前，候选人向代表们逐个自我介绍，被大家通过才行。投票时的“新”办法，是候选人分三排坐台上，候选人名单就是选票也分三行，排列次序和台上一样。选举人每人拿根香，抬头看台上坐的人，数座位，再回到纸上数出对应的位置，然后烧个窟窿，“两只眼睛忙来忙去”。不明白或者不确定选票上的人名，可以问周围的人。有人不太懂，多选了，还有人点错了位置，都成了废票。有的候选人得了300多个窟窿居然没有当选，可知当选人得票更多，这说明计票的工作量可能很大，至少要数几百个窟窿。②

有学者认为烧圈烙洞的方法先于投豆法。如在延安早先是“烧窟窿”，由识字的人帮不识字的人，费时费力，于是后

① 海枫：《老主任》，载《文学战线》，1949（5）。

② 参见林钢：《踏遍青山》，220～230页，北京，新华出版社，1992。

来就投豆了。[①] 具体怎么帮呢？就是告诉哪张纸上是哪个人的名字。

二、画圈画杠画点

画圈的办法用于投票法，东北地区也把画杠叫做画道。其具体做法是发给每个选民一张选票，由选民执笔挑选。同意某人时，在其名下画圈；不同意某人时，在其名下画杠。有一种“看人画票法”是1941年选举时由绥德县薛家坪村创造的，并被推广到各乡市。这个办法是请候选人按选票上的名字，顺序对坐在选民面前。这样，不识字的人或不知道候选人名字的人，就可以看人画票。[②] 另外，有人提到画圈法，就是候选人列坐一排，横纸条一张发给每个选民，纸上印有与候选人数相等的圈数，选民愿选第几人，即用笔或炭将第几个圈涂黑（或用香将第几个圈烧成洞），然后投入票箱。[③]

点点，就是画点。1945年，陕西子洲县用丢豆和点点两种办法，选出了县人民代表和乡长。[④]

画圈、画杠、画点等，都是事先在选票上印好候选人的

---

① 丁雪松、丁汾、鲁燕：《在“三三制”抗日民主政权选举中经受锻炼——回忆女大绥、米选举工作团》，见纪念延安女大五十周年筹委会编：《延安女大：纪念延安中国女子大学建校五十周年（1939—1989）》，121页，延安，纪念延安女大五十周年筹委会，1989。

② 参见杨永华主编：《中国共产党廉政法制史研究》，158页，北京，人民出版社，2005。

③ 参见丁来文、李凌沙、陈志强主编：《百年民族精神颂》，167页，长沙，湖南大学出版社，2001。

④ 参见《地方国家权力机关》，见子洲县志编纂委员会编：《子洲县志》，278页，西安，陕西人民教育出版社，1993。

名字，选民只需在自己同意的人名字上画一下。这种方法简便易行，而且没有笔迹，有更大的秘密性。

三、红绿票

张鸣叙述了一种和豆选法很类似的红绿票法。“红绿票法属于票选法的一种，具体施行是这样的，发给投票人额定的红绿票，而让候选人坐在台前，背对着投票者，每人背后一个票箱，红票意味着同意，绿票意味着反对，投票人对每个候选人只能投一种颜色的票。当场投票，当场开箱验票，红票多于绿票者当选（这种选举法带有农村寓褒贬之意，红绿票相当，此人不好不坏，如果绿票大大多于红票，那么这个人的人缘和人望都成问题了）。”但他没有说明发给投票人“额定”的红票、绿票各几张。按常理来推论，红票数应该是和应当选人数相同，而绿票数和落选人数相同。①

抗日战争时期，湖北应城实行民选乡保长。“在‘地方工作队’帮助下，一保一甲地进行民选。在当时的每一个保民大会上，至少有七八十人来投红绿票，选举乡保甲长。工人、农民、青年知识分子、进步士绅参加了政权。绿景太乡和岐山乡还选了女保长。”②

四、背箱子

背箱子，是边区时期广泛采用的一种配合票选的办法。

① 参见张鸣：《中共抗日根据地的政权选举与文化的复归》，见王先明、郭卫民编：《乡村社会文化与权力结构的变迁：华北乡村史学术研讨会论文集》，278页，北京，人民出版社，2001。

② 参见张谦光：《两年来的应城》，见鄂豫边区革命史编辑部编：《鄂豫边区抗日根据地历史资料　第三辑——政权建设专辑（一）》，147页，武汉，湖北人民出版社，1984。

由各级选举委员会于选举前推选若干司票员，把选票事先照名册散给各选民。边区选举时，把候选人名字印在票上。县选和乡市选举，用白票就可以，只在票头上盖章，以辨真伪。选举委员会准备若干箱子，再把箱子上锁、贴封帖，交司票员分途收票。待票集完，定日召集居民大会开票。这种办法有几个好处：第一，便于使居住分散的多数选民投到票；第二，票先发，使选民有考虑余地；第三，尤其如边区选、县选，选举单位大更方便。但它也有流弊。有些地方发现，在选票发下以后，坏人通过私下里活动当选。另外，容易发生舞弊，有的司票员不够忠诚可靠，偷梁换柱，抽去选民票，投入自己的伪票。[①] 另外，此法冷冷清清，不易表现民主运动的热潮。[②] 后来乡市选举单位改为居民小组，背箱子就用不着了，县选与边区选还是可以采用的。[③]

背箱子的做法在当代就是流动票箱，在基层选举中也曾非常普遍。至于举手也流传了很久，至今仍是人们熟知的一种选举和表决的办法。举手和投豆相比，其优劣很早就被认识到了。

五、举手

乍胳膊，也称为举拳法、举手法，这个方法是自苏维埃

① 参见《陕甘宁边区各级参议会选举条例的解释及其实施》，见蔡鸿源主编：《民国法规集成》（第71册），285～286页，合肥，黄山书社，1999。

② 参见杨永华主编：《中国共产党廉政法制史研究》，159页，北京，人民出版社，2005。

③ 参见《陕甘宁边区各级参议会选举条例的解释及其实施》，见蔡鸿源主编：《民国法规集成》（第71册），285～286页，合肥，黄山书社，1999。

时期以来就非常普遍的做法。苏区采用群众大会选举时，曾经采用对多位候选人一次性表决。1933年《苏维埃暂行选举法》规定，要改变这种做法，每个候选人要逐个介绍，逐个讨论付表决，谁赞成就举手，不赞成就不举手。[①] 陕甘宁边区的做法是，唱一个候选人乍一次胳膊，每选民有几票，只乍几次为止，最后哪人票多，哪人当选。乍胳膊被认为是最不好的办法，很容易使选民马马虎虎敷衍了事，但不得已时也可以采用。[②] 它还有一个缺点是不秘密，使许多选民碍于情面违心地跟着别人举手选自己不同意的人，或者使不重视选举的人敷衍了事。它适合于人口集中的小村庄，对于识字很少的选民参加县选，手续简便。另外，国民党方面也用过举手。比如1939年丰润县国民党政府组织选乡长时，某人提议候选人，众人刷地举起手。[③] 自1941年选举起，这种方式基本上被废止了，但在陇东个别地方仍采用，是由于多种因素限制不得已的办法。[④]

1942年前后，边区选委会曾举例说明举手法如何计票。“比如你们居民小组有选民42人，假定在村长房子的禾场上开会，会场口摆张桌子，桌子上放着选民册，一个人在

---

① 参见袁红：《中华苏维埃共和国的选举运动》，载《北京党史》，2002(6)。

② 参见《陕甘宁边区各级参议会选举条例的解释及其实施》，见蔡鸿源主编：《民国法规集成》(第71册)，285～286页，合肥，黄山书社，1999。

③ 参见魏宏运：《冀东农村社会调查与研究》，93页，天津，天津人民出版社，1996。

④ 参见杨永华主编：《中国共产党廉政法制史研究》，158页，北京，人民出版社，2005。

管着，来一个人就在他的名字上打一圈，一共到了38人，候选人假定是3人。如果说用举手办法的话，主席应宣布："现在要选举了。大家分左、右、中三行坐着，请高同志数左行的票，杨同志数右行的票，张同志数中行的票，票没数清大家的手不要放下。"又宣布："'大家记着，每人都只能举一次手，不可多举。'举完了，记录的人把票数一算，当场宣布赞成某人的多少人，某些人当选为议员，某些人落选。"①

六、投纸团

"投纸团的每张纸即一张选票，已经由选举机关加盖印章，团成小团，投进哪个候选人的名下，即作为谁的一票。如果对候选人均不满意，而想选另外的人，则可在小纸团的纸上写上名字，也作为一张有效的选票。但投纸团一般也是妨害秘密选举原则的。"② 这个办法的优点，是突破了预定的候选人。一般豆选时，有几个候选人就摆几只碗，候选人都是限定的，不能选其他人。③

"几年来太行民主运动中，群众对选举方法有许多新的创造，如投豆法、投纸团、香火烧小孔等。……这些新的方法，

① 《陕甘宁边区各级参议会组织条例》、《陕甘宁边区各级参议会选举条例》暨《陕甘宁边区参议会会议规程》，见陕西省档案馆、陕西省社会科学院编：《陕甘宁边区政府文件选编》（第六辑），27～49页，1988。

② 《晋冀鲁豫边区政府关于选举工作中几个问题的补充说明》，见韩延龙、常兆儒编：《中国新民主主义革命时期根据地法制文献选编》（第一卷），312页，北京，中国社会科学出版社，1981。

③ 参见张希坡、韩延龙编：《中国革命法制史》（上），181页，北京，中国社会科学出版社，1987。

在区村一级应该允许合法使用。”[①]

七、碗选

抗战时期，共产党方面在冀东用过“碗选”。[②] 不知这是不是豆选的另一名称，或者另一种不同的投票办法。

八、口选

国民党方面在冀东用过“口选”，即大家议论后提出乡长候选人。[③]

九、站东过西

河南民权县 1949 年用过“站东过西”的选举办法。[④]

十、先站后站

界首县赵楼村 1948 年秋征时，因评等级定产量有争议，就开群众大会，赞成某种意见的先站起，不同意的后站起。[⑤]

---

① 《晋冀鲁豫边区政府关于选举工作中几个问题的补充说明》，见韩延龙、常兆儒编：《中国新民主主义革命时期根据地法制文献选编》（第一卷），311～312 页，北京，中国社会科学出版社，1981。

② 参见魏宏运：《冀东农村社会调查与研究》，117～118 页，天津，天津人民出版社，1996。

③ 参见上书，93 页。

④ 参见中国人民政治协商会议民权县委员会文史资料研究委员会编：《民权文史资料》（第 4 辑），141 页，民权，中国人民政治协商会议民权县委员会文史资料委员会，1996。

⑤ 参见《界首县回报秋征工作的信（10）》，见杨民清：《沙河春潮》，120～121 页，合肥，安徽人民出版社，1993。

十一、画图法

有文献中提到，边区还用过画图法[①]，但没有见到实例。

十二、多种投票方法的并用与取舍

在很多地区，豆选和其他选举办法常常是并用的。识字的用票选法，识字不多的用画圈、画杠、画点，不识字的用投豆、编号、举手，路途远或因病不能参加选举的人用挨户送票、取票[②]，即“背箱子”。

20世纪40年代初期多种方法都允许使用。按各地不同情况分别采用。地区小、人住得集中，用投豆子或乍胳膊，地广人稀就得用背箱子。乡选、县选用投豆子或乍胳膊都可以，边区选用背箱子便利得多。[③]甘肃新正县乡、村选举中多用举手，居民小组选举也举手。但乡长选举比较慎重，不是投豆就是烧孔[④]，多采用投豆[⑤]，碗内投豆最多，也有用香

① 参见何咏梅：《论抗战时期的“三三制”政权》，见胡锦昌、陈清林主编：《牢记历史　开创未来：湖南省纪念抗日战争胜利60周年学术研讨会论文集》，65页，长沙，湖南人民出版社，2005。

② 参见王维远：《人民的公仆——陕甘宁边区干部的延安精神》，见辽宁大学科研处编：《辽宁大学学术论文选编》，265页，沈阳，辽宁大学科研处，1983。

③ 参见《陕甘宁边区各级参议会选举条例的解释及其实施》，见蔡鸿源主编：《民国法规集成》（第71册），285～286页，合肥，黄山书社，1999。

④ 参见《新正县实行“三三制”民主政权概况》，见中共庆阳地委党史资料征集办公室编：《陕甘宁边区时期陇东民主政权建设》，639～640页，兰州，甘肃人民出版社，1990。

⑤ 参见《新正县“三三制”民主政权建设情况》，见中国人民政治协商会议正宁县委员会文史资料委员会编：《正宁文史资料选辑》（第1辑），81页，正宁，中国人民政治协商会议正宁县委员会文史资料委员会，1997。

烧孔的[①]。1942 年涉县各村选村委会时，选举大会或投票，或投豆，或举手。[②] 山东平度县 1940—1945 年选村长和村政委员时，用豆选和举手两种方法。[③] 后来 1948 年界首县潘东庄村选公道会用举手、投票、丢豆。[④]

解放初期，多种办法并用的情况很普遍。如 1951 年《南方日报》社论提到在土改后建设乡村政权时，由群众用投票或举手的方式选出人民代表，再由代表用投票方式选出政府委员。[⑤] 黑龙江林口县大多数人不会填写选票，就采取豆选。[⑥] 1950 年，秋湖南醴陵县农民代表大会的选举，有的乡举手，有的乡投票打“正”字，有的乡投豆。[⑦] 1953 年的《中华人民共和国全国人民代表大会和地方各级人民代表大会选举法》通过后，中选会的一份通知也规定，允许根据实际

---

① 参见《新正县实行“三三制”民主政权概况》，见中共庆阳地委党史资料征集办公室编：《陕甘宁边区时期陇东民主政权建设》，639～640 页，兰州，甘肃人民出版社，1990。

② 参见《偏城县大事记》，见中国人民政治协商会议涉县委员会文史委员会编：《光辉的历程——偏城置县治始末》，226～229 页，涉县，中国人民政治协商会议涉县委员会文史资料委员会，2002。

③ 参见魏景瑞、陶洪信、杨新民主编：《平度县志》（第 5 编），116 页，平度，平度县地方史志办公室，1987。

④ 参见杨民清：《沙河春潮》，120～121 页，合肥，安徽人民出版社，1993。

⑤ 参见《认真整顿基层，迎接土改运动!》，见中国共产党中央华南分局宣传部编：《干部学习资料》（第二十五辑），48 页，广州，华南人民出版社，1951。

⑥ 参见林口县志编纂委员会编：《林口县志》（下卷），1464 页，哈尔滨，黑龙江人民出版社，1999。

⑦ 参见陈益元：《革命与乡村——建国初期农村基层政权建设研究：1949—1957》，97 页。

情况，分别用投票、举手、豆选等方式选出各级人大代表。譬如，1953—1954年江西都昌普选第一届人民代表时，一般采取三种办法，即丢豆法、举手法、选票上画圈（同意的就画，不同意的就不画）。[①] 福建莆田选乡政委员会主要用举手和投豆两种方式。[②] 1950年河南选村人民代表，写票、投豆、举手都可以。[③] 南平县1953—1954年普选乡镇人民代表，多数选区投票，文化落后地区举手或投豆。[④] 1950年贵州长吉区通过举手或投豆，选出正、副乡长各1人，建立了10个乡政权。[⑤] 1952年榆社县选县人民代表时，以举手表决的方式产生，个别地方如群众自愿，也投票和投豆。[⑥] 1953年，河北廊坊胜芳镇用举手表决、投票和投豆选出正、副乡长、委员及县市代表。[⑦] 1953年，安徽阜阳县第一次基层选举，城

---

① 参见吴威震：《都昌首届普选粗略回忆》，见邵天柱、冯上进主编，中国人民政治协商会议江西省都昌县委员会学习文史委编：《难忘的五十年代》，82～85页。

② 参见莆田县县志编集委员会编：《莆田县志　第2卷政治志（下册）（初稿）》，174～175页，莆田，莆田县县志编集委员会，1966。

③ 参见《怎样选举村人民代表？人民代表会和人民政府是什么关系》，见河南省人民政府教育厅改编：《政治教育课本》，72页，1950。

④ 参见廖云泉等：《南平市志》，1085页，北京，中华书局，1994。

⑤ 参见张贯洲供稿、武炳炎整理：《长吉区各级人民政权的建立》，见中共黔东南州委党史资料征集办公室编：《回顾黔东南解放》（第一辑），241页，黔东南，中共黔东南州委党史资料征集办公室，1987。

⑥ 参见《代行（人）民代表大会职权的情况和经验》，见中南军政委员会民政部编：《民政工作手册》（第四辑），68～72页，武汉，中南军政委员会民政部，1952。

⑦ 参见《基层政权建设》，见廊坊市志编修委员会编：《廊坊市志》，1178页，北京，方志出版社，2001 。

镇投票，农村丢豆或举手表决。[1] 1954年，安徽六安选出各乡镇人民代表大会代表，也是用投票、丢豆、举手等不同办法。[2] 直到人民公社时代，福建省仍采用画圈、投票或秘密投豆，由社员选出社干部。[3] 1963年，宁夏选举第二届人民代表大会代表采用投票，如确有困难也可投豆或举手表决，还设流动票箱。[4]

在这些不同的选举办法中，如果选民都识字，那投票是最好的方法。如果有很多选民不识字，那么豆选还是很好、很受欢迎的办法。土改中有的干部就说，选举农民代表时，多数农民不识字，票选不适合。举手碍于情面，农民们认为不够民主，也不便采用。最好是投豆，既简单又秘密。[5] 1950年，湖南省樟潭村选新村长，大家讨论怎么选。农会主席提出多数人不识字，投票不可行，又说举手也不合适，怕有意见。大家讨论的结果就是投豆，得豆多的当村长。[6]

---

① 参见阜阳市地方志编纂委员会编：《阜阳地区志》，787页，北京，方志出版社，1996。

② 参见《六安县志》编纂委员会编：《六安县志》，454页，1993。

③ 参见中共福建省委农村工作部第二处编：《农业生产合作社经营管理的几个基本问题》，117页，福州，福建人民出版社，1957。

④ 参见《1963年全区基层选举和宁夏回族自治区第二届人民代表大会代表的产生》，见王云岳编：《宁夏人大概要（1949—1979）》，62页，银川，宁夏人民出版社，1992。

⑤ 参见汪瑄：《我在土改中的学习》，见陈体强、全慰天、汪瑄等编：《从土改中学习》（增订本），15～19页，北京，新建设杂志社，1950。

⑥ 参见姜元腾：《投豆选村长》，见中国人民政治协商会议邵阳市委员会文史资料研究委员会编：《邵阳文史》（第11辑），98～99页，中国人民政治协商会议邵阳市委员会文史资料研究委员会，1989。

第三部分　豆选对当代中国民主政治发展的启示

虽然豆选这种投票方式已不再时兴，但在人类的政治文明史上，豆选所表达的政治含义，将会历久弥新。一粒粒豆子，承载着人们的选举意愿，将三千年人类政治文明的进程串了起来。用豆子串起来的历史，不仅表达了前人的政治智慧与创造，而且也给当今世界的政治进程带来了许多的启示，特别是中国抗日根据地的豆选，给处于民主化进程中的中国留下了许多可资借鉴的经验。

第一章　豆选给人们留下了什么

一、豆选并没有终结

一粒粒再平凡不过的豆子，凭借什么力量把人类几千年的历史串起来，从纵向跨越人类社会不同的历史阶段，横向跨越了不同的地域、国家和民族呢？当然，豆子本身是不会具有这种力量的，这种力量来自它在选举中承载的选举人意愿，使多数人的主张得以形成、民主得以实现。

民主的实现对于特定利益群体及其成员来说，往往关乎其生存和发展。这个群体可能是一个部落、一个特定的利益阶层或阶级，也可能是一个民族或是一个国家。因为凡是要通过投票决定一个事项或者选举一位领导者，这个事项或者这个领导者对于群体和群体成员来说都是至关重要的，都会直接或间接地关联着群体成员的生存利益和发展利益。但群体成员对这个事项如何决定或这位领导者由谁担任，往往存在着不同甚至截然相反的意见。这种意见如果得不到统一时，要么引起内讧，要么引起群体解体，要么使部分群体成员与群体离心离德，直接危及群体的生存。然而通过豆选，可以使多数人的主张得以形成，并化解这些危险，这既增强了群体的生命力，又增加或者拉近了群体与成员之间的关系。

值得一提的是，豆选是通过投豆这一文明的方式，来整合群体的不同意见，从而提高群体的生存能力和发展能力，而不是通过暴力，通过借助上帝、上天、神仙的名义，通过神鬼迷信，通过制造个人崇拜、个人迷信来整合的。

基于生存和发展的需要，不同利益群体的人们在过去、现在、将来都会孜孜不倦地追求他们的共同理想——民主。这种执着的追求，又构成了民主在人类社会中不断发展、不断创新的力量源泉。人们对民主的追求催生了豆选，而不是因为有了豆选才产生民主。豆选虽然只是实现人们民主愿望的一种方式，但它在暴力、强权、愚昧之外，为人们整合群体内部不同意见提供了一种文明的方式。这种方式不会因豆选的终结而终结，而是伴随着群体范围日益扩大，日趋繁多复杂的民主需求会借助更快捷的载体，在更为广阔的范围内运行。

二、民主是共同的文明，不是专利

古希腊、古罗马的豆选与中国抗日根据地的豆选不仅时差两千多年，而且地隔万里，目前没有任何证据证明，中国的豆选借鉴了西方的经验。我们相信，豆选是人类在不同的时期、不同的地域不约而同创造的，是人类追寻民主理想的智慧结晶。

民主在中国的产生早于有文字的记载。一个关于民主的传说始于尧舜，流传至今。对尧传位于受民拥戴的舜，舜又传位于受民拥戴的禹的禅让故事，《中国大百科全书》的说法是："尧舜是军事民主制中部落联盟的军事首长。"[①] 这表明民主制在尧舜时期虽是军事性的但业已产生，民主的范围已超越部落，而延及"部落联盟"。因民主的缺乏，后人便一代又一代地传颂着久远的民主文明，以此表达对民主的渴望，对封建专制的不满。

民主在中国中断了数千年之久，中断的时间长于西方。其原因是，中国封建文明的程度及其影响范围甚于西方，几乎没有给民主文明留下多少生存的空间。尽管如此，中国古代的先哲们仍然在有限的空间里思考着民主的问题。孟子的"民为重，社稷次之，君为轻"的精辟论述，就包含着民主的理念。孟子置"民"于国家管理中的首要地位和首要目的，而把天下社稷置于国家治理的第二目的。《尚书》中的"民惟邦本，本固邦宁"则更加清晰地表明，民为国家之主体、之

---

① 《中国大百科全书·中国历史·Ⅱ》，1378页，北京，中国大百科全书出版社，1992。

根本，民安国才可安。

从原始社会的部落到奴隶社会的共和制，到封建社会仁人志士对民主的思考，到民主在封建社会薄弱地区的探索，到资产阶级登上民主的舞台，再到英国的人民宪章运动，到俄国十月革命，中共在苏区、抗日民主根据地的民主实践都充分说明，民主是人类在不同历史阶段、不同历史场合共同追求、共同探索、共同创造的共同成果。它凝结着人类在历史长河中的艰辛追求和卓越智慧，它同人类的其他文明一样，既承载着人类艰辛创造的历史，又孕育着人类不懈追求的未来，绝不是哪一个国家、哪一个民族、哪一个阶级、哪一个政党的独创和专利，民主属于全人类。

民主作为人类共同的政治理想，它与市场经济制度一样，都是人类文明的共同成果。市场经济是人类在经济领域的文明成果，民主是人类在政治领域取得的文明成果，民主就其本意和共性而言，本身不存在“姓社姓资”的问题，资本主义可以有市场、有民主，社会主义也可以有市场、有民主。对于民主，不同国家、民族及政党都有权享有、使用、发展、创新。对民主的忌讳，实质上是对人类文明的拒绝，而对文明的拒绝则意味着愚昧。同理，对这一文明的垄断，则是对人类共同成果的侵犯。如果把民主作为资本主义社会特有的东西，认为是资产阶级创造的，属于资产阶级的专利，这既不符合历史本身，又把全人类的文明成果拱手让位给一个特定的阶级，把人类对政治文明的贡献记在一个特定的阶级头上，也是很不公道的。

共同的文明中包含着共同的属性，即民主是多数人主张的形成，是多数人统治的实现，这就是民主的本来之意，民主的共性或者说是民主的一般性。不论民主的社会性质有何不同，也不论它处在哪一个阶段，大凡民主制度都需要在制度层面回答这些问题：在不同的历史阶段，如何在同一利益群体的成员之间形成多数者的主张？并确认什么样的主张是多数者的主张？在多数者的主张形成并确认后，通过何种途径、由哪一个机构或者人（管理者）去实现多数者的主张？通过什么样的方式保证多数者主张在实现过程中不被歪曲或违背？民主的共性，决定着某一政治制度、社会制度是不是民主制度。存在多数者主张形成和实现的制度就是民主制度，不存在多数者主张形成和实现的制度就不是民主制度。

既然民主不是专利，而是人类文明的共同成果，那么，对于力图建设人类历史上最广泛民主的中国来说，需要像在发展社会主义市场经济中积极吸收、借鉴、使用人类的科技成果、经济成果一样，积极吸收、借鉴、使用人类的政治文明成果，发展社会主义民主政治。

三、民主是特殊的，照搬是搬不过去的

作为人类文明的民主，存在于不同历史阶段的不同国家、不同民族、不同阶级、不同政党、不同社会的民主制度之中。在不同历史场合中，民族、国家、政党根据各自的实际和需求，在各自的政治生活中创造、使用、发展这一文明成果时，又形成了各自的特色，从而使民主具有不同的社会属性、政治属性和时代特征。任何一个民族、国家所实行的民主都是具体的、历史的，这就是民主的具体性、历史性和特殊性。民主的特殊性，决定某一民主制度是什么历史阶段、什么社会、什么阶级、什么政党、什么国家的民主制度。

古希腊、古罗马时期的豆选，是奴隶主这一特定利益群

体内部的一种民主形式，其范围一般不超过全社会人数的10%。通过少数人（奴隶主）的民主，实现对多数人的统治。尽管投豆者仅限于奴隶主、贵族和古希腊、古罗马的公民，而将奴隶、妇女和非本城邦的公民排除在外；尽管投豆者人数仅为古希腊、古罗马人数的10%，但它对奴隶主阶级这个特定的利益群体来说是民主的。它可以通过投豆或其他方式形成本阶级的多数主张；通过投豆或其他方式决定能够实现多数人主张的管理者；通过投豆或其他方式决定国家治理和社会管理中的重大事项，比如放逐危害公共利益的执行官。

在中国抗日根据地的豆选和其他形式的选举，是在外敌入侵的条件下，为了民族生存和发展，由中共推动，建立除通日分子外的不分民族、阶级、政党、宗教、文化的选举制度，通过选举建立抗日民主政府。

从古希腊、古罗马到中国抗日根据地，同样是豆选，同样是要形成多数人的主张，但性质却截然不同，目标也南辕北辙。

国外现有的民主制度都是某一国家的国民根据自己的国情和社会性质创造的。目前较为成熟的民主制度，大都是建立在资本主义市场经济基础之上的资本主义民主制度，而尚无建立在社会主义市场经济基础上之上的成熟的民主制度可搬可抄。历史的现实，决定了中国的民主政治之路只能在积极吸收、借鉴已有人类文明成果的基础上，结合中国国情，由中国人自己来创、由中国人自己来走。在现阶段，中国所要建设的民主制度，只能是具有中国特色的，而不是移植别国的，社会主义市场经济基础决定了它是社会主义的，而不是资本主义的。中国民主政治之路，肯定是一条既具有中国特色的又具有社会主义属性的民主政治建设之路。

四、民主不可能一蹴而就，而是一个循序渐进的过程

不论是作为全人类政治文明的民主，还是作为一种特定的社会制度的民主，都需要经历一个循序渐进、不断完善的历史过程。

民主在政治文明层面经历了一个较长时间的发展进程。奴隶社会的民主在罗马帝国形成前已历经了千余年的历史过程，西方资本主义的民主在12—13世纪开始萌芽，到今天在西方资本主义社会的普遍确立，也经历了近千年的历史。具有社会主义属性的民主从英国的人民宪章运动到巴黎公社开始萌芽，再到俄国十月革命，到中国社会主义民主制度探索也已历经了数百年的探索。民主作为一种政治制度，它依国家、民族、政党及社会经济发展程度不同，在各国形成了各自的制度。

民主在技术层面也已历经了上百年，甚至数千年的发展过程。如投票方式就经历了举手、呼喊、选边站、投豆，之后出现公开投票、记名投票、无记名投票、秘密投票。本书所列豆选事例，作为一种投票形式纵跨数千年之久。

民主的过程，实际上是各种政治力量之间的博弈过程。在博弈中，首先解决的问题是，要不要形成和实现多数人的主张。对这个问题的回答，往往需要数年、数十年，甚至数百年的时间。当得出需要形成和实现多数人主张后，又围绕着如何形成和实现多数人主张，如何防止多数人的主张在形成和实现中被权力和金钱所左右的问题，进行一次又一次的博弈。欧美选举的乱象，就是这一博弈留给后人的印记。在博弈中，人们在民主的技术层面上不断地创造着，以保障所形成的主张确实是多数人的真实主张。如秘密投票就是为了保障投票者真实意愿而设计的，旨在通过秘密投票使多数人的主张不受外界干扰。豆选就是为了克服投票者不识字的困局而创造的。民主的历程，就是民主力量同反民主力量不断博弈的过程，同时也是人类不断创造政治文明的过程。在这一过程中，不论何种性质的民主，都经历了一个由点到面、由局部到全局、由不完善到逐步完善、由不成熟到成熟的过程。如果把目标的确立和目标的实现等同起来，可以说是幼稚地割断了民主发展的历史过程。

中国共产党把最广泛的民主作为自己的目标，但要实现这一目标，肯定要经历一个为时不短的过程。中国民主进程的复杂性可能要超过历史上任何国家。中国人口多，民主的范围广、规模大，而且以生产资料公有制为主导、市场经济为基础，以封建文明为历史背景，以传统的犁耕文明与新兴产业快速成长、产业结构和人口结构快速变迁为社会背景，以儒家文化为国学的文化背景，以马克思主义为指导的意识形态背景，以社会主义属性、中国特色和民族复兴为目标的追求，这些决定了中国民主进程的独特性、艰巨性、复杂性、渐进性。忽视经济、社会、文化和历史背景或以西方的民主制度为蓝本评价中国的民主进程，都会显得幼稚。不论是局外评价者，还是局内的领导者、推进者，都应把中国的民主放在一个艰巨、复杂、渐进的过程中去评价、去安排、去实施。

如果把中国今天的民主政治放在人类政治文明的历史进程去考量，有的方面已经产生，有待发展、有待完善；有的方面尚在孕育之中，有待呱呱落地。如果把今天中国的民主政治作为一种政治制度来考量，虽已历经了数十年的探索，其中不乏创新和建树，但从整体而言，它还处在起始阶段，还需要长期的建设和创新。已有的创新性民主实践还需要由点到面地推广，已建立的民主制度还需要由不完善到完善，尚待建立的民主制度还需要有步骤、有计划地去构建。

例如，中国的村级民主选举、民主决策、民主管理、民主监督，经历了农民自发创造、政府由点到面的推广，立法部门制定法律的过程，但不意味着中国农民已经走过了农村基层民主的过程，已经建立了完善的基层民主制度。就选民资格而言，户口不在该村但又居住在该村，有没有选民资格？2010 年修订的《中华人民共和国村民委员会组织法》，把确认权利交给了村民代表会议和村民大会，但村民代表会议或村民大会通过何种形式来确定村民资格呢？就民主决策而言，村民代表会议或村民大会如何议决法律规定的事项和村民希望议决的事项呢？不议决时如何予以纠正呢？就民主管理而言，经村民代表会议或村民大会议决的事项，民选的村级组织负责人不执行、不落实、不实现，甚至擅自改变，又应该怎么办呢？就民主监督而言，罢免不称职的村委会成员虽属于村民的权利，但村民又如何去罢免呢？另外，新旧村委会职能如何交接呢？不交权力又怎么解决呢？诸如此类的问题可以列出几十个，甚至上百个，这些问题还须在村级“四个民主”（民主选举、民主决策、民主管理、民主监督）的实践中完善、规范、解决。当前农村的土地问题、宅基地问题之所以成为热点，根源在于村级“四个民主”没有落到实处，没用民主的方式去解决。解决这些问题的钥匙还是村级“四个民主”，还是要通过推进村级“四个民主”建设，让村民有途径、有办法按照法律规定，通过村民大会或村民代表会议形成多数人的主张来办理。

再如，以“两票制”为特征的党内民主，无疑会对中国社会主义民主政治的进程产生重大影响。但当我们在为这些创新、尝试喝彩的时候，千万不能认为它们已经是普遍的方式，或者已经相当完善。这些创新、尝试只是中国民主政治历史进程中必不可少的起点。

五、民主讲究程序，没有程序就没有民主

民主不仅是一个循序渐进、不断发展、不断完善的过程，而且也是一套严密的程序。真正的民主在一定意义上说，就是不断通过完善程序，保障民主的结果能够真正反映民意且不受干扰，不被金钱财物和权势所歪曲；保障人们能够在不被任何人左右的情况下，表达自己的意见，表达之后，也不用担心遭受任何打击报复。真正的民主，还在于多数人的主张通过完善的程序确定后，还有相应的程序不使多数人的主张被搁置落空、被篡改歪曲，最终得以实现。从豆选发展的历程，可以清晰地看到西方从举手、呼喊、选边站的公开投票，到投豆子、投石子秘密投票，抗日民主根据地从举手投票到用豆子投票，以及豆选方式的改进，投票的每一次演进不仅改变了选民意愿的表达方式，而且越来越保障了选民意愿不受干扰地自主表达。

没有程序就没有民主。这还可以从民主过程的负面，从选举乱象中得到印证。当记名投票时，房东可以通过租与不租、涨与不涨租价来迫使房客按房东的意愿投票；企业主可以拿着鞭子把工人赶到投票所按企业主的意愿去投票；贿选者也可以观察到收了礼金的投票者是否按送礼者意愿投票。

当公开投票时，权势者、贿选者可以清楚地知道投票者的表达意愿，从而通过恫吓、胁迫、收买等手段阻止选民的真实意愿的表达。当选票不是在严密程序监督下由政府选举机构印制时，选票就有了被操纵、篡改的空间，而使选举结果违背选民的真实意愿。由选举引起社会动荡的事件中，往往都能发现动荡多是由程序的疏漏而引起的。

多数人主张的形成，需要严密的程序保障。就拿贿选来说，贿选者之所以会出钱行贿，原因在于当选后所得到的利益要大于行贿的付出。如果有严密的程序保障多数人主张的实现，当选者权力的行使得以有效监督、制约，使当选者无法通过公共权力改变多数人的主张，来为自己捞取好处时，贿选者就会因得不偿失而作罢。

没有程序就没有民主的结论，对于一个拥有 13 亿多人口、正在推进民主进程的大国来说，对于正在推进党内民主、拥有 8 000 万党员的大党来说，都具有显而易见的现实意义。倘若程序可以随意，民意必然变得无足轻重；当民意变得无足轻重，民主又从何言起？乱象必将在无序中产生，社会便在乱象中动荡。倘若没有程序，民主就会由过程演变为过场，走失的是民意，走来的是民怨，加剧的是矛盾。

以中国的村级民主选举为例，通过什么样的程序来保证候选人的产生是符合民意而不是被操纵、不被歪曲的？通过什么样的程序来保证选举人（即有选举权的村民）能够充分了解候选人的真实情况和治理方略，而不使选举人投糊涂票？通过什么样的程序来保证选举人能无拘无束、无碍面子地在投票中自主表达选举意愿，不会因为选举意愿被外人知道而影响选举意愿的自主表达？通过什么样的程序来处理选举中出现的纷争，而不被激化为选举动荡；通过什么样的程序来保证多数人选择的当选人毫无异议地接职，而不至于因交接难使当选者无法入职？通过什么样的程序来保证少数人的选举意愿被否定之后，能够自觉尊重多数人的选择，而不惹是生非？诸如此类的问题不解决，不仅会阻碍农村基层民主的进程，而且还会激化矛盾、影响农村社会稳定。解决这些问题需要不断完善程序，并将程序上升为有约束力的法律、法规或制度，通过示范、培训和宣传，让每一位候选人、选举人都熟知于心、落实于行。

六、贿选其实是附着在民主肌体上的一种病毒

贿选，从古至今一直都是选举乱象和选举动荡的重要源头。在本书介绍的欧美选举乱象中，贿选也是重要的祸首之一。贿选与杜绝贿选的博弈一直存在于民主的进程之中。贿选是任何国家、任何民族的民主化进程中的一个必然产物，它如同病毒侵入人的肌体一样，侵蚀于民主的肌体之内，阻碍着民主的发展和生存。它伴随着民主的进程，历经一个产生、蔓延、扼制和逐渐消除的过程。贿选如同民主自身一样，不是哪一个社会、哪一个民族、哪一个国家或哪一种社会民主制度特有的，区别仅在于贿选的形式、程度，以及蔓延的时间不同而已。在民主进程的起始阶段，权力、金钱、暴力、黑社会势力介入选举是必然的、不可避免的。由贿选引起的选举纷争，由选举纷争引起一定范围内的社会动荡也会不时出现。权势、金钱以各式各样的方式介入选举，在美国历经了百余年的历史。在拥有礼尚往来文化传统的中国进行民主选举，贿选这一病毒很容易借助人情文化、礼尚往来文化，轻而易举地附着在民主的肌体上，介入选举过程，通过金钱、

财物来影响和改变选民的选举意愿，权势、暴力也很容易通过同村、同乡等地缘关系和家族、宗族等血缘关系，以及姻亲关系来影响选民，左右选民的选举意愿，在选举中推波助澜。

治理贿选，需要用防止各种选举乱象发生的良药，而不是因噎废食停止民主的进程。秘密投票是防止贿选等不正当选举的良药，它与抗病毒药物一样，能杀死消除附着在民主肌体上的病毒，提高民主肌体的免疫力。其药理也很简单：当选举程序能保障选举人只有自己知道把选票投给了谁，除自己之外不会有第二个人知道时，选举人就可以完全根据自己的意愿去投票，而不受金钱财物的驱使去投票。即使碍于情面收了贿选者的钱物，照样也可按良心投票。选民少了情面之苦，又不为金钱所累，愿投谁的票就投谁的票。对贿选者来说，其贿选成本会不断加大，而收效则不断变小，成为赔了夫人又折兵的买卖，做的人就会越来越少，对选举中恐吓者、暴力者、权势者来说皆应如此。

通过法律法规净化选举空气，也是必不可少的措施。在选举前，要营造舆论氛围，既为选民心里垫底，又使贿选者、恐吓者望而却步。在选举中，对贿选者要依照法律法规和选举机构在选前制定的程序和规定，以最快的速度予以纠正、处理，防止为选后的纷争埋下祸根。选举后，发现贿选者当选，通过选前已定程序，由选举主持机构宣布选举无效，并依法追究贿选者的责任。另外，通过健全的民主决策、民主管理、民主监督机制，使当选人入职后无法利用职权捞回贿选成本，使其贿本无归，也可以从源头上打消贿选者的贿选念头。

第二章 抗日根据地的经验对当前的意义

人们在关注抗日战争胜利时，往往把目光集中在战争本身，很少关注民主与抗战胜利之间的关系，甚至忽视了民主在抗日战争中所发挥的重大作用，这是有悖于历史的。被忽视的东西对正在推进的民族复兴大业来说，恰恰是一笔丰厚、适时、实用的政治遗产，一笔难得且宝贵的财富。

本书的第二部分以大量的史料和图片向读者展示了抗日根据地民主政治建设生动的历史场面。这一历史场面，为何能够在外敌入侵、民族危亡、炮火连天的敌后根据地形成呢？主要原因是中共准确地认识到民族存亡与民主政治之间的关系，并卓有成效地领导了民主政治建设，保障了民主政治的实现。

一、怎样认识民族存亡与民主政治之间的关系

1937 年的“七七”事变，把中华民族推到了生死存亡的关头。在这紧要关头，“是否要实行民主政治，始终是国共两党政策的主要区别之一”①。当时执政的国民党担心民主会威胁到自身利益，一直反对真正的民主。尽管共产党与各民主党派、爱国民主人士一再抗争，尽管人民群众有强烈要求，国民党一直没有在全国范围真正推行民主制度，一直不敢举办真正的民主选举，只能靠军队、靠威逼利诱来维系地方政权。中国民主同盟会主席张澜同毛泽东的一段谈话便清楚地

① 中共中央党史研究室：《中国共产党历史》（第一卷），579 页，北京，中共党史出版社，2010。

说明了这一点。1945 年 8 月，赴重庆谈判的毛泽东拜会张澜，张澜对毛泽东说："前几年我告诉他（蒋介石）：'只有实行民主，中国才有希望。'他竟威胁我说：'只有共产党才讲民主。'"[①]

关于民主与抗日以及民主与挽救民族存亡的关系，中共领导高层很早就有清醒的认识。1937 年 2 月，经过毛泽东、张闻天等酝酿起草，中共中央政治局常委会通过了《中共中央给中国国民党三中全会电》，提出为了达成全国一致抗日的目的，中共愿意将"苏维埃政府改名为中华民国特区政府"，"在特区政府区域内实行普选的彻底的民主制度"[②]。1937 年 4 月，毛泽东在同美国记者韦尔斯谈话时，清楚地表述了"民主制度是对日抗战胜利的必要条件，非它不可"。"没有广大人民要求与推动民主运动，则民主政治不会实现，全国各界各党派应团结起来，为争取民主权利而斗争。"[③] 毛泽东在 1939 年 9 月 24 日同美国记者斯诺谈话时，再次谈道，"现在全国人民很着急，中国不改革政治，不实现民主，不但不能打胜日本，而一定要亡国的"[④]。毛泽东在 1944 年 6 月会见记者参观团时说，全世界都在抗战中，欧洲已经进入决战阶段，远东的决战也快要到了，但中国缺乏一个为推进战争所必需的民主制度。只有民主，抗战才能胜利。[⑤]

---

① 中共中央文献研究室编：《毛泽东传》，763 页，北京，中央文献出版社，2004。

② 同上书，43 页。

③ 同上书，441 页。

④ 同上书，563 页。

⑤ 参见上书，704 页。

以毛泽东为代表的共产党人不仅深刻认识到抗日与民主的关系，而且把这一认识落实到八年抗战中。1939 年初，陕甘宁边区召开第一届参议会，它是由人民普选产生的。毛泽东在会议上提出，边区要成为“抗战的堡垒”和“民主的模范”①。陕甘宁边区第一届参议会开辟了根据地民主政治建设的新局面。1941 年，中共陕甘宁边区颁布的《陕甘宁边区抗战时期施政纲领》规定：本党愿与各党各派及一切群众团体进行选举联盟，并在候选人中确定共产党员只占 1/3，以便各党各派及无党派人士均能参加边区民意机关的活动，与边区行政之管理。共产党员被选为某一行政机关主管人员时，应保证机关职员有 2/3 为党外人士担任，“共产党员应与这些党外人士合作不得一意孤行，把持包办”②。

美国记者贝尔登在国民党和共产党推行民主这一问题上，有很深刻的观察和相当发人深省的比较：“国民党和蒋介石老爱说中国人民还没有准备好实行民主，必须要有一段时间的民主训练才行，但解放区的领导觉得这种观点可笑。边区政府副主席戎伍胜告诉我，‘光训练是不管用的，唯有人民过着民主的生活，才能改变他们的习性，只有在实践中才能真正学会什么是民主’。”③

抗战胜利，在一定意义上是共产党领导的民主力量的胜利。共产党通过豆选等多种选举方式，建立抗日民主政权，

---

① 参见中共中央文献研究室编：《毛泽东传》，625 页，北京，中央文献出版社，2004。

② 《陕甘宁边区抗日民主根据地·文献卷》（下），76 页，北京，中共党史资料出版社，1990。

③ ［美］贝尔登：《中国震撼世界》，89 页，香港，香港文宗出版社，1952。

把各阶级、各阶层的力量动员组织起来。民主在抗战期间，是一种凝结全民族抗战的有效机制，也是反映人心向背的一面镜子。共产党通过推进民主，也赢得了民心。国民党惧怕民主、阻碍民主，虽在抗战结束时保住了全国政权，但很快在三年国内战争中就丧失了政权。一个丧失政权、一个获得政权，印证了“水可载舟，亦可覆舟”的古训，演绎了民心决定政权的道理，而且表明民主政治起着关键的作用，决定着政权的得失、政党的命运。

二、通过何种方式卓有成效地领导民主政治建设

首先，中共通过制定党在一个时期的路线，指引民主政治的发展方向。在抗日战争爆发前的1937年5月，中共中央在延安召开了党的全国代表会议，根据中日矛盾上升为主要矛盾、国内矛盾下降为次要矛盾的实际，作出了为争取千百万群众进入抗日民族统一战线而斗争的结论，提出了党在目前阶段三位一体的任务是巩固和平、争取民主、实现抗战。毛泽东在报告中说，“为了巩固和平、实现抗战，必须具备的一个必要条件，即争取民主”，并批评那种“强调民主是错误，仅仅应强调抗战”的看法，指出“抗战需要全国的和平与团结，没有民主自由，便不能巩固已经取得的和平，不能增强国内的团结。抗战需要人民的动员，没有民主自由，便无从进行动员”。“中国真正的坚实的抗日民主统一战线的建立及其任务的完成，没有民主是不行的”[①]。把民主作为实现抗战的必要条件，毛泽东指出，争取民主是新阶段中“最本

① 中共中央文献研究室编：《毛泽东传》，445页，北京，中央文献出版社，2004。

质的东西”，是“中心一环”[1]。

抗战一开始，共产党就号召全国人民总动员，主张开放民主、改善民主，广泛发动群众、武装群众，实行全体人民参加战争、支援战争的全面抗战路线。[2] 这条路线是中共中央在1937年8月洛川会议制定的，它指引中国抗战取得最后的胜利。开放民主，是抗战路线的重要组成部分。1944年9月，中共中央提出建立民主联合政府的主张，极大地提高了全国人民的民主抗日热情，受到各民主党派、各界民主人士的支持。1945年8月25日，中共中央发表《对目前时局的宣言》，提出“和平、民主、团结”三大方针，阐明中国共产党关于在和平、民主、团结的基础上，实现全国统一，建设独立自由与富强的新中国的主张，要求国民党政府立即实施避免内战和实现民主政治等六项紧急措施。中国共产党的主张虽因国民党的拒绝而未果，但却赢得了民心，为解放战争的胜利奠定了基础。

其次，在路线确定方向之后，通过整体部署、配套实施，有计划、有步骤地推进民主政治的进程。中国共产党把争取民主、推进民主政治作为抗日胜利的必要条件来领导、来部署。先通过试点、试验再进行推广普及。中共中央把其所在地的延安作为根据地政权建设的试验区，在试验区取得成功经验后，再推广到其他抗日根据地。试验区的试验在统一部署的基础上，有计划、有步骤地从基层展开，参议员的直接选举从乡县开始，在乡县参议员选举结束后，进行边区参议

① 参见中共中央党史研究室：《中国共产党历史》（第一卷），408页，北京，中共党史出版社，2010。

② 参见上书，413页。

员的选举。“三三制”原则在延安的实施，既坚持原则，又不搞一刀切。在1941年陕甘宁边区选举过程中，由于有些党员干部对“三三制”认识不足，加上群众对部分非党候选人不满意，结果在选出的242名边区参议员中，共产党员占了多数，因边区参议员是直接选举的不能随意更换，中共西北局与边区政府共同研究决定，聘请46名非党人士为参议员，使边区参议员的成分基本符合“三三制”的要求。针对经过土地改革的区县，因群众担心剥削阶级的候选人进入政权机构后重新剥削、压迫人民，不愿意选举这些候选人，导致参议员中党员人数超过1/3。边区政府于1942年3月发出指示信，对不符合“三三制”原则的县政权提前进行改选，改变了共产党员在政权机关中占多数的局面。据边区12个县共836名参议员的统计，共产党员276人，占33%；据18个县105名常驻议员统计，共产党员39名，占37%。从边区政府委员会及边区常驻议员来看，共产党员各占1/3。①

陕甘宁边区成功的实验，很快成为全国各敌后根据地的示范。1940年后，晋察冀等根据地根据中共中央关于建立“三三制”民主政权的指示，在各战略区开展了民主选举运动，边区人民民主选举了区代表和区长，县议会成员和县长，以及边区参议员准备出席国民大会的代表。②

再次，通过各级党组织和党员在民主政治建设中的模范带头作用，推动民主政治建设。“三三制”原则提出后，许多

①② 参见谭克绳：《中国革命根据地史》，595页，福州，福建人民出版社，2007。

干部想不通，担心“会削弱共产党的领导”，失去“流血闹革命、打土豪分田地建立的政权”。毛泽东亲自出面说服，在陕甘宁边区第二届参议会上说：“中国社会是一个两头小、中间大的社会，无产阶级和地主大资产阶级都只占少数，最广大的人民是农民、城市小资产阶级以及其他的中间阶级。任何政党的政策如果不顾及到这些阶级的利益，如果这些阶级的人们不得其所，如果这些阶级的人们没有说话的权利，要想把国事弄好是不可能的。”“国事是国家的公事，不是一党一派的私事。因此，共产党员只有对党外人士实行民主合作的义务，而无排斥别人、垄断一切的权利。”① 《中国革命根据地史》一书记载了党员带头落实“三三制”原则的情形。“在这次普选中，陕甘宁边区政府严格实施‘三三制’原则，各级参议会、常驻委员会和政府委员会，共产党人约束自己只占 1/3，让其他 2/3 属于各阶级、各党派、各民族中赞成抗日与民主的非党人士。共产党责成自己的党员选举他们（指 2/3 中的候选人），并动员群众选举他们。对个别确实比较开明而因群众不了解未能当选的，政府则把他们聘请到政权机关来；选举结果遇有共产党员超过 1/3 时，大多以辞职办法退至 1/3。如在 1941 年边区第二届参议会选举边区政府委员时，全体委员 18 名，其中共产党员 7 名当选，超过了‘三三制’的规定，共产党的高级领导干部徐特立当即申请退出，经过大会同意，依次由非党人士向文焕递补。”② 1942 年 3 月，边区政府进一步明确规定：凡是县参议会或政府委员

① 《毛泽东选集》，2 版，第 3 卷，809 页，北京，人民出版社，1991。

② 中共中央党史研究室：《中国共产党历史》（第一卷），458 页，北京，中共党史出版社，2010。

会中，共产党员超过 1/3 的自动提出辞职，然后补选非党人士进去。

抗日根据地是在炮火声中进行的普选，所有选民有生以来第一次行使选举权利，且有 80%以上的选民不识字，其困难程度可想而知。为了保障群众的选举权利，党的各级组织派出的工作队深入群众之中，发动群众参选，指导民主选举并及时总结群众创造的各种方式予以推广，比如豆选。豆选从公开投豆到秘密投豆的过程中，不仅有群众的天才创造，而且有共产党高级干部谢觉哉、聂荣臻等人的贡献。豆选在抗日根据地所产生的作用，不仅保障了不识字选民行使选举权，而且还回答了人们长期争论的问题：文化程度是不是实现民主的一个条件？文化程度高低是不是决定民主程度的高低？豆选，特别是秘密投豆，使不识字的农民完全行使自己的选举权利，其民主程度是高的而不是低的。民主程度的高低取决于选举人对自己选举愿望的表达程度。能完全自主表达选民意愿的选举，就是民主程度高的选举；选民不能完全自主表达，或在表达时受到左右而不能完全表达，这种选举的民主程度就是低的。民主程度不取决于识字率的高低和文化程度的高低。既然在有 80%的选民不识字的条件下能够保障选民的选举意愿自主表达，那文化程度还是一个实现民主的条件吗？既然共产党能在敌后、在经济相对落后于国统区的抗日根据地推进民主、建立 600 多个县级民主政权，而国统区为什么就不能呢？原因还在于国民党害怕通过民主选举，丧失已有的执政权力。

中共为了民族的根本利益在根据地推行民主，而民主政治成功与否关键在于党。

三、通过何种途径建设并保障政权的民主性质

如果没有对抗日与民主关系的科学判断，没有中共对民主政治正确、有力的领导，就没有根据地的民主政治建设。中共在根据地民主政治建设中的角色是领导者，而不是主体，主体是除了通日分子以外的根据地群众。

首先，根据地人民通过民主选举的方式建设民主政权，行使自己的民主权利。“政权建设是抗日民主根据地建设的首要问题和根本问题”①，从延安开始试验。建设的目标被中共中央确定为“抗日的堡垒、民主的模范”。1937 年 5 月，中华苏维埃西北办事处公布了《陕甘宁边区议会及行政组织纲要》和《陕甘宁边区选举条例》，确定陕甘宁边区实行议会制（1938 年 11 月改称参议会），规定各级议会议员由选民直接选举产生，政府组成人员由议员选举产生。从 1937 年 5 月起，陕甘宁边区进行不分阶级、不分党派、不分宗教信仰、男女平等、民族平等的民主选举，成立各级议会和民主政府，奠定了边区抗日民主政权的基础。实行议会民主制度是抗日战争时期边区政权建设中最重要的民主制度。边区在乡、区、县各级选举的基础上，于 1937 年 11 月开始边区议会选举，选出 500 多名边区议会议员。② 1940 年，中共中央发出《抗日根据地的政权问题》的指示，提出了著名的“三三制”原则。普选和“三三制”的实行，使边区的政权建设发展到一个新阶段，成为全国最进步的地方。“这里一没有贪官污吏，

---

① 中共中央党史研究室：《中国共产党历史》（第一卷），509 页，北京，中共党史出版社，2010。

② 参见上书，458 页。

二没有土豪劣绅，三没有赌博，四没有娼妓，五没有小老婆，六没有叫化子，七没有结党营私之徒，八没有萎靡不振之气，九没有人吃磨擦饭，十没有人发国难财”[①]。一位外国朋友说，“到中国不到延安看不到新中国”[②]。陕甘宁边区是抗日民主政权建设的试验区，对敌后抗日根据地产生了示范和推动作用。华北、华中根据地相继通过民主的方式，建立了抗日民主政权。从华北敌后抗日根据地回到延安的彭德怀这样评价：这里的许多经验介绍给敌后的解放区，使他们的民主建设得到更快、更顺利的进行，对坚持战争、准备反攻有好处。[③] 抗日民主根据地成为政治民主、民族团结、经济发展、政府廉洁的社会，与国民党统治区的政治专制、官僚腐败的局面形成了鲜明的对比。[④]

其次，在抗日战争时期，中国共产党通过民主的方式，制定施政纲领、政府组织条例、选举条例、参议会组织条例等，保障根据地人民的民主权利和根据地政府的民主性质。如陕甘宁边区第一届参议会通过的《陕甘宁边区抗战时期施政纲领》规定：发扬民主，实行普选，保障人民的民主自由权利。1941 年，陕甘宁边区第二届参议会还通过了《陕甘宁边区保障人民财产条例》，其中规定：一切抗日人民，不分民族、阶级、党派、性别、职业与宗教信仰，在政治法律上一

① 《毛泽东选集》，2 版，第 2 卷，718 页，北京，人民出版社，1991。

② 转引自《谢觉哉日记》（下），564 页，北京，人民出版社，1984。

③ 参见《在陕甘宁边区第二届参议会第二次大会上的讲话》，见《陕甘宁边区参议会选辑》，438 页，北京，中共中央党校科研办公室，1985。

④ 参见中共中央党史研究室：《中国共产党历史》（第一卷），69 页，北京，中共党史出版社，2010。

律平等；一切抗日人民都有言论、出版、集会、结社、居住、迁移、信仰及抗日自卫之自由；一切抗日人民都有人身不受侵犯之权利。[①] 1941 年 4 月，中共陕甘宁边区中央局颁布《陕甘宁边区抗战时期施政纲领》，经毛泽东反复修改，中共中央政治局批准。这个纲领明确规定，边区参议会实行“三三制”原则，共产党员必须与党外人士实行民主合作，不得把持包办，独断专行。[②]

第三章　未来的路到底该如何走

未来对中国来说意味着什么？中国人在关注，中国政府在关注，美国、欧盟在关注，金砖国家在关注，欠发达国家也在关注。关注动因在于中国的未来都同他们的自身利益休戚相关。唱衰的、衰唱的、唱兴的皆有之，但不论怎样唱，一些基本的东西不会因唱法不同而改变。

中国的人均 GDP 排在世界第 100 位左右，而国家综合实力排在第 2 位；市场经济制度已经确立，但需要完善和改革的又不胜枚举；不合理的经济结构在快速发展中日益凸显，但调节的信心、措施又在日趋强化；城乡居民收入持续多年扩大之后，最近又出现了缩小的端倪；城乡人口的比例虽已超过 50%，但在未来十多年还要有 20%的人口步入城镇化的行列；社会矛盾日益复杂尖锐、群体性事件不断增多，但和谐社会建设也日见成效；政府对社会管得太宽、太多、太死，

---

① 参见中共中央党史研究室：《中国共产党历史》（第一卷），510 页，北京，中共党史出版社，2010。

② 参见上书，538 页。

但向社会放权的步伐也在不断加快；腐败不断滋生，但反腐败的力度也在日趋加大；人民代表大会、政治协商、民族区域自治和基层群众自治等政治制度已确立多年，但功能尚需强化，制度尚需完善，如此等等都说明，中国处在改革和发展的关键时期。尽管未来的不确定性很多，但有一点可以肯定，民族复兴是中华民族的一个梦想、一个共同追求，同时也是时代给予的历史机遇。对于中国来说，未来的关键是如何把握住这一机遇。

中共在70多年前，面临的是中华民族危亡期；70多年后，面临的是中华民族的复兴期。如何把握好复兴期，中共在根据地领导民主政治建设的经验提供了诸多启示和借鉴。

一、积极借鉴吸收人类政治文明的成果，建立一个有中国特色的民主政治

民主在过去不短的时间里，在中国被不少人当作西方特有的东西而拒绝。同时，也有不少人把西方的民主制度当作民主的经典主张搬到中国来，在中国建立西方的民主制度。这两种主张实质上是中国民主化道路上的两大误区或两大陷阱，为政者采纳任何一种主张都会使中国的民主政治建设步入歧途。这两个主张从两个相反的方向角力于中国民主政治建设，妨碍中国的民主政治建设和民主进程。这两个误区有一点是相同的，就是都在否认民主的共性与个性之间的区别，都在否认民主的共性寓于个性的道理，都认为但凡民主都是西方的，民主就是西方的民主制度，除了西方的民主和民主制度外，世界再也没有什么民主，再也没有其他的民主制度。

对当前正在推进的民主政治来说，避免步入这两个误区已经显得十分迫切而必要。可供选择的正确途径是：确立民

主是人类政治文明的成果，在政治领域借鉴、吸收、运用这一成果，就像经济领域借鉴、吸收、运用市场经济的文明成果一样，服务于自身的发展。坚持民主的社会主义性质和中国特色，就像坚持市场经济的社会主义性质和中国特色一样。借鉴和坚持是有机统一的，不是为了借鉴而借鉴，也不是为了坚持而坚持，而是为了中国特色民主政治的发展而借鉴、而坚持。

为了中国特色的民主政治的发展，该借鉴些什么，该坚持些什么呢？该坚持的是已经建立的四项基本政治制度：人民代表大会制度、政治协商制度、民族区域自治制度和基层群众组织自治制度；该借鉴的是用于完善这四项基本政治制度的一切文明成果。

比如在选举程序方面，通过什么样的程序来保证候选人的产生足以代表民意，而不被歪曲？通过什么样的程序来保证让选举人充分了解候选人的真实状况？通过什么样的程序来保证选举人能在无拘无束中自主表达选举意愿，而不被财物诱惑，不被有钱有权者操纵、打击？通过什么样的程序来处理选举中的纷争，而不被激化酿成选举动荡？通过什么样的程序来保证多数选举人的意愿无可异议地得以实现？通过什么样的程序来保证少数的选举意愿在被否定之后，能够自觉自愿地尊重多数人的选择？对于这一系列问题，人类政治文明的成果都已经作了回答。秘密投票是人类经历了三千多年探索而形成的，借鉴秘密投票，可以保证人民代表是代表选民的真实意愿的，人民代表选出的各级领导人也是人民代表的真实意愿，而不至于因受到权力、金钱、恐吓而改变。借鉴候选人监督选举过程的做法，保证每位有选举权的人，都有机会表达自己的选举意愿，保证每位候选人有权监督开票、计票的过程，这样既能防止有人篡改选举结果，又可以使落选的候选人不会因怀疑结果的真实性而惹出事端。

在议决事项方面，比如，哪些事项需要议决，通过什么样的方式议决？哪些事项需要授权，通过何种程序授权？对管理者的越权决策如何事前约束，以防止事中越权现象的发生？在事项议决后，通过什么样的程序来防止多数人的主张被执行者束之高阁，或者歪曲选择，而多数人又束手无策？这实际上是通过借鉴，建立人民监督政府的制度，把权力事前就关在程序的笼子里、关在制度里，想出来也无法出来，而不仅仅是事后追查、追究。

二、推进中国的民主，强化执政党自身的民主政治建设和执政党对民主的领导

民族复兴，有赖于通过民主进程的推进，释放和聚集民族复兴的正能量。而正能量的释放与聚集，又有赖于民主进程健康和可持续的发展。而要使民主进程健康和可持续发展，中国共产党对自身民主建设的推进和对民主建设的坚强领导，不论是从历史的经验还是中国的实际来看，都是一个必不可少的选择。

试想一下，在抗日根据地，如果没有中共对抗日与民主的科学认识，没有中共从高层到基层对民主的坚强领导，没有党的工作队到村、到户动员组织群众，没有中共普通成员在民主建设中的带头示范，很难有根据地的民主政治建设。现在问题的关键，不是要不要执政党对民主政治建设的领导，而是如何把民主政治建设纳入民族复兴的全局。通过借鉴根据地的经验，强化党对民主建设的领导力。像制定经济社会

发展规划一样，制定民主政治建设的发展规划，并整体部署，有计划、有步骤地予以推进。发挥党的政治优势和人才优势，总结基层党组织以及基层群众自治组织的民主建设创新实践，有选择地确定一定数量民主政治建设试验区或试验点，探索适应社会主义市场经济发展需要、为民族复兴释放和聚集正能量、符合国情民意的民主政治建设模式。发挥党的执政优势，选择试点探索群众监督政府，保持政府人民性的长效机制和制度。发挥党的组织优势，通过总结推广基层党组织领导和推动民主政治建设的经验，引领遍布城乡的党组织，带领、组织人民群众履行自己的民主权利，而不是代替人民行使这些权利。

回答和解决上述问题，对于一个执政60多年、拥有8 000万党员的大党来说，并不是一个轻而易举就能完成的任务，积极推进执政党自身的民主政治建设是一个事半功倍、费省效宏的道路。其根据在于：一是执政党自身的民主政治建设有强烈的示范作用和超乎想象的带动力。中共在中国每一个设有政权组织、自治组织的地方都有自己的组织，而且都在发挥着核心作用和领导作用。核心组织自身的民主政治建设，势必成为政权组织和自治组织的标杆，学而有榜样，比而有标准。二是执政党通过自身的民主实践，可积累诸多经验，大幅提高执政党对全国民主政治建设的领导力。三是中共组织化程度极高，易于纠正自身民主进程中的偏差和失误，执政党的确已作出了通过党内民主带动社会主义民主的战略决策。那么如何推进党内民主呢？目前还只是一个仁者见仁、智者见智的问题。这对中国的未来，对中华民族的复兴，以及对巩固自身的执政地位，提高执政能力，都是一个至关重要的战略决定。

执政党进行自身的民主政治建设，所要投入的精力和要克服的障碍绝不会亚于对整个民主进程的推进。第一，要在统一全党对民主、对党内民主认识的基础上做出整体性的规划和部署，以及实现规划和部署的计划、步骤和措施。第二，要制定具有权威性和可行性的党内“法规”，使自身的民主有法可依、有规可循。比如，制定党内的民主选举办法或条例，从各级党组织候选人如何产生到整个投票、计票过程，以至对选举结果的确认，选举后党内权力的移交等都应有明确而无异意的规定。再如，通过制定党内民主决策办法或条例，明确哪些事项由哪一级组织作出，哪些事项应由本级组织的哪些成员作出，作出决策的程序以及决策方式（投表决票、商议等）。第三，在梳理总结成功经验（特别是总结基层党组织经验）的基础上，根据整体部署，可在一些地方、部门或系统先行先试。这两种方法在延安时期、改革开放初期都实行过。第四，不能离开群众闭门推进党内的民主政治建设。由山西省河曲等地农村党组织创造的“两票制”、“多票制”，通过非党群众对党内候选人投推荐票、民意票，党组织的成员投选举票，把党心民意连接起来，党群关系、干群关系通过选票变得紧密，党的执政基础也因此而扩大牢固。

三、民主的进程需要法制的保障，法制建设与民主发展两个过程必须同行

豆选的经验告诉我们，民主本身就是一个循序渐进的过程，不论是在人类文明层面，还是在一国的民主制度层面，抑或是民主的技术层面都是如此。中国共产党已经选择了党内民主之路、基层自治组织的民主之路。暂且不论中共正在

推进的民主政治建设，单就农村基层群众自治组织而言，中国的农民创造了民主选举、民主决策、民主管理、民主监督，创造了“海选”、双过半、村民代表会议制度、村务监督委员会等基层民主制度和程序，都被执政党作为9亿农民的“伟大创举”写进了党的决议，写进了党章。立法机构也两度修订了《中华人民共和国村民委员会组织法》。依照该法，散落在近60万个村级单位的9亿多农村人口，行使了“四个民主”的权利，选举全国300多万个村委会成员，在不少的村换届选举已进行了10届。

或许有人质疑，城市社区的居委会同样是基层，同样是群众自治组织，其产生还早于村委会，为什么城市的居民民主就没有取得像农村一样的进展？究其根源，是村级的“四个民主”同农民自身的经济利益、生活利益休戚相关，宅基地的分配、村级公共经济资源、生活资源的处置等，直接影响着农民的生计。而城市社区“四个民主”的内容，与居民的经济利益、生活利益关联度低，导致居民缺乏民主的热情，而与居民生活关联度高的公共资源分配权、公共设施建设权又都拿在政府的手里。但可以期许的是，随着政府职权的剥离，政府向社会放权的步子加大，城市社区的“四个民主”也将会因为内容的充实而收获人们期待中的果实。

中国农村基层的民主实践，展现了农民的聪明才智，而且通过实践证明，中国的民主进程从基层开始，基层是中国民主进程的第一步。然而民主的进程和法制建设必须同行。民主的过程从一个侧面来看，就是法制不断适应民主的需求，通过民主的途径制定法律，通过法制来保障民主权利行使的过程。在民主的过程中如果法制过程缺位，要么使民主的过程受阻，要么使民主进入无序状态，引起不必要的社会动荡，因此民主发展和法制建设要同步而行。

在抗日根据地民主建政时期，中共通过民主的途径，以党的名义和以边区参议会、边区政府的名义，先后制定了若干法律法规，为民主建政提供了依据和规范，保障了根据地的民主有据可依、有规可循。农村基层民主是中共和全国人大常委会及时发现并总结后，先后写进了宪法和中共中央文件，特别是全国人大常委会还制定了专门的村民委员会组织法，使农村的“四个民主”在法律的保障下运行。法律的制定，也经历了从原则性规定到制定专门的法律规范的过程。

当前，相对于中国的民主进程而言，法制建设落后于民主进程的需求是不言而喻的，既有有法难依、有法不依的问题，也有无法可依的问题。有法难依是由于法律规定了原则，而实施细则不到位，使民主运作不畅或受阻，甚至引起了不必要的纠葛。如村组织规定“本村村民”的概念，在户籍制度尚未改革的情况下，村选举委员会就很难界定村民的选举资格。《村民委员会组织法》明确规定，村委会任期 3 年，可有的村 10 年也没有换届。有的地方随意撤换当选的村委会成员，这些都是法律明文规定禁止的，但仍有不少地方明知故犯，村民也无可奈何。无法可依的问题，就是法律无法保障多数人主张的实现，人民监督政府、人民参与并监督公共资源的分配，缺乏必要的法律依据和诉求途径。

中国民主要健康、可持续发展，要为民族复兴释放和聚集正能量，而不至于引起不应有的社会振荡，法制必须与民主同行。

第四章 实现民族复兴的“中心一环”[①]

抗日根据地民主政权的建设，留下的传统、经验并没有因历史的远去而失去生命。1947 年，美国一位军事家声言：“共产党有广大的民众，国民党有大片的土地。”“在华北有70%的农民拥护共产党。”[②] 美国政治学教授罗斯·特里尔在《毛泽东传》一书中针对这一问题评价道：毛泽东之所以能打倒蒋介石，是因为毛泽东深知，“赢得中国农村老百姓的支持，就等于赢得战争，而蒋介石不知道这一点”[③]。抗日根据地的民主政治建设在挽救中华民族危亡、在夺取全国政权中发挥了至关重要的、不可替代的作用，今天中华民族仍然有赖于民主政治建设，把各民族、各阶层、各党派和各界人民群众动员起来、团结起来，凝聚为民族复兴的巨大力量，追逐民族复兴的梦想。70 多年前挽救民族危亡需要人民，70 多年后实现民族复兴同样需要人民。今天与 70 多年前所不同的只是：民主政治建设在抗日战争时期是挽救民族存亡的必要条件，而今天成为实现民族复兴的必要条件，民主政治的性质由新民主主义转变为社会主义性质。民主政治建设，在 70

---

① 毛泽东在《中国共产党在抗日时期的任务》中提出，“争取政治上的民主自由，则为保证抗战胜利的中心一环”，还提出了“争取民主，是目前发展阶段中革命任务的中心一环”（《毛泽东选集》，2 版，第 1 卷，255、256 页，北京，人民出版社，1991)。

② ［美］罗斯·特里尔：《毛泽东传》，224 页，北京，中国人民大学出版社，2006。

③ 同上书，232 页。

多年前是挽救民族危亡的“中心一环”，今天是实现民族复兴的“中心一环”。

之所以说民主政治建设是民族复兴的“中心一环”，或者说是必不可少的一环，除了根据地的经验告诉我们之外，从现实来看也是如此。在民族复兴期、社会转型期、矛盾凸显期，具有中国特色的社会主义民主政治是一种维护社会稳定、推动社会和谐发展的长效稳定机制。没有社会的稳定，就谈不上民族的复兴；没有社会的稳定，就难以有社会的发展；没有社会的发展，又何言民族的复兴？目前，中国因经济制度变革、社会结构变迁、产业结构和收入结构不合理、环境污染等正面临矛盾的多发期、凸显期，处理不好多发的矛盾和凸显的矛盾，就有可能丧失或者错过发展的机遇期。稳定是大局，稳定是前提。但问题的关键是，如何从机制上消除不稳定的因素，减少社会矛盾的产生，化解已经产生的矛盾，而不是用行政的手段抑制不稳定的因素，应急性地解决导致社会不稳定的矛盾呢？答案是，除调整结构、转换模式等经济手段外，只能通过民主政治建设的推进，通过民主的途径，用民主的方法，将矛盾化解于基层，化解于矛盾的始发点，使基层长期处于稳定的状态，从而为社会的可持续发展奠定基础。

在市场经济条件下，具有中国特色的社会主义民主政治是一种调节不同利益主体之间的利益关系、凝聚不同利益主体力量的机制。改革开放和市场经济的发展，利益主体已经多元化。不同的利益主体，不仅有不同利益诉求、利益实现模式和途径，而且它们之间也有竞争，但是大家有一个共同追求的目标，那就是中华民族的复兴。通过民主政治建设，把不同的利益主体的力量，凝聚在民族复兴的旗帜下，实现和发展自身的利益，实现民族的根本利益。

同时，推进中国特色的社会主义民主政治建设是扩大执政党的执政基础、提高执政能力、保证执政党不仅不脱离而且能够代表人民的有效途径。如村级党组织负责人的选举实行两票制，通过村民投推荐票，把党组织同村民紧密联系在一起，使党的农村基层组织负责人能够密切联系本村村民。如果他脱离了村民，得不到群众的拥护，村民就不会投他的推荐票，他就无法成为基层党组织负责人的候选人，而密切联系村民的党员就有可能成为基层党组织负责人的候选人。受到村民欢迎拥护的候选人成为党组织的负责人，不仅可以充分发挥党组织的作用，而且也赢得了村民的心，扩大、夯实了党在农村的执政基础，提高了党组织联系村民的能力，从制度上保证了执政党的基础组织始终代表人民的利益，并为人民的利益而不是自己的利益而工作。

中国特色的社会主义民主政治建设，也是执政党团结、组织、带领人民投身于民族大业的必经之路，是扩大人民群众参与复兴大业的主要渠道。仅靠执政党单打独斗，没有各族人民的普遍参与，不可能实现民族复兴。谁也扛不动这副历史重担，只能由每一位中华儿女、由整个民族来扛。执政党的历史责任是发挥自身的政治优势、执政优势和组织优势，通过分层级的民主制度和多种多样的民主渠道，把人民群众普遍存在的民主愿望和为民族复兴献力的热情，通过规范有效的民主制度释放出来，成为民族复兴的巨大力量。

附录 中国各地豆选概况表

地区	时间	豆选何人何事	资料来源
福建上杭县才溪乡	1933年	乡苏维埃代表	吴重庆：《革命的底层动员——在才溪读〈才溪乡调查〉》，载《读书》，2001（1）
江西横峰县清湖乡	苏维埃时期	苏维埃代表	孙祖年：《选举运动在江西》，载《人民日报》，1954-09-15
陕西保安县三台区麻子沟乡	1936年	县、乡两级政府	邓文扬、徐建全：《中国共产党优良传统手册》，195～196页，北京，海洋出版社，1991
山西长治县某乡	1938年稍后	乡选	陈晨：《忆〈华北是我们的〉拍摄经过》，载《电影艺术》，1961（5）
晋察冀边区	1938年	村干部	李金明：《晋察冀军民征战纪实》，214页，北京，解放军文艺出版社，2002
山西五台山	20世纪30年代末	—	［德］王安娜：《中国——我的第二故乡》，340～341页，北京，生活·新知·读书三联书店，1980

续前表

地区	时间	豆选何人何事	资料来源
河南南乐县	1939—1940年年前后	村长	程墨之：《我当选南乐县第一任妇联主任前后》，见中国人民政治协商会议濮阳市委员会文史学习委员会编：《濮阳文史资料》，202～205页，濮阳，中国人民政治协商会议濮阳市委员会文史学习委员会，2002
河南内黄县某村	1940年前后	村选	魏艾民：《豆选》，载《政工学刊》，2007（9）
山东	1940年前后	国民大会代表的初选代表	崔介：《拾遗集》，171～173页，临沂，临沂印刷厂，1994
河北灵寿县	1940年	村选	唐铁田：《邵式平同志在晋察冀边区》，见中国人民政治协商会议江西省委员会文史资料研究委员会：《江西文史资料选辑》（第20辑），14页，南昌，中国人民政治协商会议江西省委员会文史资料研究委员会，1986
山东聊城八大寨	1940年	村长及群团组织负责人	中共聊城市委党史资料征集研究办公室编：《聊城市党史资料》（第三期），234页，聊城，中共聊城市委党史资料征集研究办公室，1985
山东广饶县	1940年	村长	中共广饶县委党史资料征集研究办公室编：《广饶党史资料》（第五辑），66～67页，广饶，中共广饶县委党史资料征集研究办公室，1989

续前表

地区	时间	豆选何人何事	资料来源
山东荣成县	20世纪40年代初	—	宋路霞：《记长期从事妇女工作的王瑞林》，见武善云等主编：《齐鲁巾帼》，172页，济南，黄河出版社，1998
山东莱州县	20世纪40年代初	临时参议会参议员	山东省莱州市志编纂委员会编：《莱州市志》，463页，济南，齐鲁书社，1996
山东平度县	1940—1945年	村长和村政委员	魏景瑞、陶洪信、杨新民编：《平度县志》（第5编），116页，平度，平度县地方史志办公室，1987
河南内黄县大堤口村	1941年	村长	《抗日战争时期（1937年7月—1945年8月）》，见中共内黄县委党史资料征编委员会办公室编：《中共内黄县党史大事记》，34页，内黄，中共内黄县委党史资料征编委员会办公室，1986
冀鲁豫边区的郓北实验区61个村	1941年	村政权	中共云南省委党史研究室编：《光照千秋——冀鲁豫党史资料选编之十二》，43～77页，昆明，云南民族出版社，2006
陕甘宁边区	1941年	代表	Pauline B. Keating, *Two Revolutions: Village Reconstruction and the Cooperative Movement in Northern Shaanxi*, 1934-1945, Stanford, CA: Stanford University Press, 1997, p. 140

续前表

地区	时间	豆选何人何事	资料来源
鄂豫边区随州	1941年前后	乡政府、县政府	陈亚东：《随南白兆山根据地的战略地位》，见中共随州市委党史资料征集编研委员会编：《烽火白兆山》，50～61页，随州，中共随州市委党史资料征集编研委员会，1984
鄂豫边区随南县18个乡	1941—1942年	县抗日民主政府（县长、副县长及4个科长），乡政权	胡立志：《随州抗日民主政权及其特点》，见中共随州市委党史资料征集编研委员会编：《烽火白兆山》，171～179页，随州，中共随州市委党史资料征集编研委员会，1984
河北涞水三区	1942年	村民代表会和村公所，即村长、副村长及各委员	中共涿鹿县委党史研究室编：《涿鹿党史资料汇编》（第一集），139～142页，涿鹿，中共涿鹿县委党史研究室，1990
河北涉县	1942年	村委会，即村长及各委员	中国人民政治协商会议涉县文史委员会编：《光辉的历程——偏城置县治始末》，59页，涉县，中国人民政治协商会议涉县文史委员会，2002
陕甘宁边区	1942年	县、乡参议会议员	《陕甘宁边区各级参议会选举条例的解释及其实施》，见蔡鸿源主编：《民国法规集成》，285～286页，合肥，黄山书社，1999

续前表

地区	时间	豆选何人何事	资料来源
山东益都、寿光、临淄、广饶四县的68个村	1942年	县参议会参议员	山东省广饶县地方史志编纂委员会：《广饶县志》，674页，北京，中华书局，1995
江苏盐阜区台北、台东两县600多个村	1942—1943年	乡政府、村长	盐城市地方志编纂委员会编：《盐城市志（中册）》，2004页，南京，江苏科学技术出版社，1998
安徽淮北某些乡	1943年	乡选	杨居人：《拂晓报史话》，91页，北京，新华出版社，1987
江苏江都县朱桥乡	1943年	乡长和乡政府委员	中国人民政治协商会议江都县委员会文史资料研究委员会编：《江都文史资料选编》（第3辑），江都，中国人民政治协商会议江都县委员会文史资料研究委员会，49页
江苏海门县江西乡八字村	1943年	乡政府	王德范：《海中区江西乡游击教育的回忆》，见中国人民政治协商会议海门县委员会文史资料研究委员会编：《海门县文史资料》（第10辑），95页，海门，中国人民政治协商会议海门县委员会文史资料研究委员会，1991
山东鄄城旧城集村	1943年	村长	张广友、丁龙嘉：《万里》，62～65页，北京，中共党史出版社，2000

续前表

地区	时间	豆选何人何事	资料来源
江苏靖江县69个乡政府	1943—1944年	乡政权	靖江县志编纂办公室编著：《靖江县志》，23页，南京，江苏人民出版社，1992
江苏江都县	1943—1944年	乡长、村长、村代表	中国人民政治协商会议江都县委员会文史资料研究委员会编：《江都文史资料选编》（第3辑），江都，中国人民政治协商会议江都委员会文史资料研究委员会，49页
太行山区十里店村	1944年	村长及村干部	［英］伊莎白·柯鲁克、大卫·柯鲁克：《十里店》（一），119～120页，上海，上海人民出版社，2007
甘陕交界的新正县	1944年	乡长	中共庆阳地委党史资料征集办公室编：《陕甘宁边区时期陇东民主政权建设》，639页，兰州，甘肃人民出版社，1990
江苏东台县各乡	1944年	乡长	卢绍庭、钱峻林：《民主建政时期的豆选法——记抗日民主根据地唐洋区晓肇乡的民主选举》，见中国人民政治协商会议东台县委员会文史资料研究委员会编：《东台文史资料》（第二辑），35～36页，南京，《江苏文史资料》编辑部，1985

续前表

地区	时间	豆选何人何事	资料来源
江苏如皋(即如东)县	1944年	乡长及乡政府、村长、行政组长	如东县编史修志办公室编:《如东县志》,246页,杭州,浙江人民出版社,1985
江苏高邮县吴堡镇	1944年	合作社负责人	王沛喜等:《坚持民主办社的区南合作社》,见中国人民政治协商会议高邮县委员会文史资料研究委员会编:《高邮文史资料》(第4辑),高邮,中国人民政治协商会议高邮县委员会文史资料研究委员会,49~50页,1986
安徽巢湖地区	1944年	参议会议员	刁筠寿:《和含抗日根据地的群众工作》,见 http://www.ahhs.gov.cn/book_list.asp? id=1288
山东海阳县	1944年	第一届县各级人民代表	海阳县民政志编纂小组编:《海阳县民政志》,418页,海阳,海阳县民政志编纂小组,1987
陕西子洲县	1945年	县代表、乡长	子洲县志编纂委员会编:《子洲县志》,278页,西安,陕西人民教育出版社,1993
吉林洮南某区	1945年	农民协会	张庆余:《那金河畔话英灵》,见中国人民政治协商会议洮安县委员会文史资料研究委员会编:《洮安文史资料》(第1辑),43页,洮安,中国人民政治协商会议洮安县委员会文史资料研究委员会,1984

续前表

地区	时间	豆选何人何事	资料来源
陕西延安	1945年	县议员、边区参议员	黄齐生：《延安选举见闻记》，载《贵州文史丛刊》，1981（1）
吉林舒兰县	抗日战争时期	村长	丁戈主编：《永吉的黎明》，见吉林省省委党史工作委员会编：《中国共产党在吉林活动大事记》，147页，长春，吉林人民出版社，1989
河北承德清水湖一带	抗日战争时期	村政委员会，即村长、副村长和委员	中共承德市委党史研究室编：《中国共产党承德历史》（第一卷），116页，北京，中央文献出版社，2006
山西省常平村	抗日战争时期	村长	徐勇、项继权等：《参与式财政与乡村治理经验与实例》，30页，西安，西北大学出版社，2006
冀鲁豫边区抗日根据地某村	抗日战争时期	正、副村长	韶华：《体验选举》，载《北京观察》，2000（9）
淮南边区的安乐、殿发两乡	抗日战争时期	乡代表	张鸣：《中共抗日根据地的政权选举与文化的复归》，见王先明、郭卫民编：《乡村社会文化与权力结构的变迁：华北乡村史学术研讨会论文集》，278～279页，北京，人民出版社，2001

续前表

地区	时间	豆选何人何事	资料来源
冀东地区	抗战结束后	农会代表	魏宏运：《冀东农村社会调查与研究》，天津，天津人民出版社，123～124 页，1996
苏皖边区泗沭县众兴镇	1946 年	街长、镇长	王卫清：《略论苏皖边区政府的民主建设》，见张之铸主编：《中国当代文博论著精编》，535 页，北京，文物出版社，2006
黑龙江哈尔滨市	1946 年	市临时参议会议员、街代表	孙光妍、隋丽丽：《新民主主义民主政治的可贵探索——以哈尔滨解放区 1946 年参议员选举制度为例》，载《法学家》，2007（04）
华北解放区的冀南区	1946 年	贷款对象	《华北解放区财政经济史资料选编》（第二辑），117 页，北京，中国财政经济出版社，1996
黑龙江林口县奎山地区	1947 年	区长、副区长、各委员、农会主任、农会副主任	林口县志编纂委员会编：《林口县志》，184 页，哈尔滨，黑龙江人民出版社，1999
河北抚宁县	1947 年	代表会代表（区村初选）	抚宁县地方志办公室编：《抚宁县志》，344 页，石家庄，河北人民出版社，1990
山东文登、昆嵛两县	1947 年	“群众量党运动”评党员	山东省荣成市地方史志编纂委员会编：《荣成市志》，716 页，济南，齐鲁书社，1999

续前表

地区	时间	豆选何人何事	资料来源
广东翁源县	1947年	村干部	许明、丘虹：《解放战争时期的黄洞妇女》，见朱振宣主编：《滔滔滃江——翁源人民的革命斗争》，268页，1991
华北农村	1947—1948年	村长、农民协会负责人、民兵队长等	［美］贝尔登：《中国震撼世界》，94～95页，香港，香港文宗出版社，1952
河南修武县	1947—1950年	农代会	中国人民政治协商会议修武县委员会文史资料委员会：《修武文史资料》（第13辑），8页，修武，中国人民政治协商会议修武县委员会文史资料委员会，1997
黑龙江林口县奎山地区	1947—1949年	正、副区长及各委员、区农会正、副主任、村长和村政府委员	林口县志编纂委员会编：《林口县志》（下卷），880、1464页，哈尔滨，黑龙江人民出版社，1999
黑龙江牡丹江海林镇江头村	1948年	村政权八大委员	冯建福：《百县市经济社会调查·海林卷》，504～505页，北京，中国大百科全书出版社，1991
鲁南费县	1948年	各乡村代表会代表	《沙洪纪念文集》编委会编：《沙洪纪念文集》，100～102页，北京，中国和平出版社，2005

续前表

地区	时间	豆选何人何事	资料来源
山东临清县江村	1948年	贫农团	中共临西县委党史研究室：《卫运河畔的烽火》，332～342页，邢台，邢台市新华印刷厂，1995
河南上蔡县	1948年	乡村干部	上蔡县地方史志编纂委员会编：《上蔡县志》，159页，北京，生活·新知·读书三联书店，1995
河北涉县中原村	1948年	贫农团	《表明态度发动贫雇，中原村成立贫农团》，载《人民日报》，1948-03-26
山东临清县江村	1948年	贫农团委员	中共临西县委党史研究室：《卫运河畔的烽火》，332～334页，邢台，邢台市新华印刷厂，1995
安徽界首县潘东庄、赵楼二村	1948年	公道会	杨民清：《沙河春潮》，120～121页，合肥，安徽人民出版社，1993
山西潞城县张庄村	1948年	贫农团代表	William Hinton，*Fanshen*：*A Documentary of a Revolution in a Chinese Village*，New York：Random House，1966，pp. 229-230
辽宁叶柏寿县各区	1948年	区农会	李雪：《艰苦斗争的年代》，见中共建平县委党史资料征集办公室编：《烈火春秋》，153～159页，建平，中共建平县委党史资料征集办公室，1985

续前表

地区	时间	豆选何人何事	资料来源
吉林磐石县城关区阜康街	1948年	街政府	高庆山：《解放战争时期磐石县大事记》，见崔巍主编：《磐石党史资料》（第一辑），328页，磐石，中共磐石县委党史研究室，1988
黑龙江穆棱县66个行政村	1948年	村主席和村政府委员	穆棱县志编纂委员会编：《穆棱县志》，459页，北京，中国文史出版社，1990
黑龙江北安县45个行政村	1948年	村行政委员会正副村长及委员	北安市地方志办公室编：《北安县志》，556页，北安，北安市地方志办公室，1993
黑龙江兰西县10个区81个村817个屯	1948—1949年	区、村、屯干部	黑龙江省兰西县办公室编：《兰西县志》，304、338页，海口，海南出版社，1992
河南平顶山市舞钢区	1948—1949年	农会干部（主席、书记及各委员）	宋书正：《舞钢区解放初期乡村政权沿革》，见中国人民政治协商会议平顶山市舞钢区委员会文史资料委员会编：《舞钢区文史资料》（第4辑），109～110页，平顶山，中国人民政治协商会议平顶山市舞钢区委员会文史资料委员会，1989
黑龙江龙江县广厚村	1949年	村长、副村长、文书、武装队长	温广忠口述、冉炳文整理：《广厚村的土地改革》，见中国人民政治协商会议龙江县委员会文史资料研究委员会编：《龙江文史资料》（第4辑），64页，龙江，中国人民政治协商会议龙江县委员会文史资料研究委员会，1989

续前表

地区	时间	豆选何人何事	资料来源
河南巩县涉村区的四个村	1949年	农会干部	刘贵一：《建国初期一批知识分子的成长》，见中国人民政治协商会议巩义市委员会文史资料研究委员会编：《巩义市文史资料》（第12辑），1～5页，巩义，中国人民政治协商会议巩义市委员会文史资料研究委员会，1992
河南许昌祖师区于庄村	1949年	供销合作社负责人	李季安：《忆中南区第一个供销合作社的创办》，见中国人民政治协商会议许昌市委员会文史资料委员会编：《许昌文史资料》（第8辑），75页，许昌，中国人民政治协商会议许昌市委员会文史资料委员会，1994
河南民权县	1949年	县第一届各界人民代表大会代表	中国人民政治协商会议民权县委员会文史资料研究委员会主编：《民权文史资料》（第4辑），141页，民权，中国人民政治协商会议民权县委员会文史资料研究委员会，1996
河南扶沟县	1949年	县第一届各界人民代表大会常务委员会主席及委员	扶沟县委组织部编：《中国共产党河南省扶沟县组织史资料（1926—1987）》，233页，郑州，河南人民出版社，1990

续前表

地区	时间	豆选何人何事	资料来源
湖南衡南县茶市乡	1949 年	乡长、副乡长及各委员	戴述秋：《民国时期衡阳政权机构略述》，见中国人民政治协商会议衡南县委员会文史资料研究委员会编：《衡南文史资料》（第 2 辑），衡南，中国人民政治协商会议衡南县委员会文史资料研究委员会，1990
陕北安塞县	1949 年	乡长、副乡长和村长	《图说中国“豆选”》，见凤凰网，2008－05－01
福建寿宁县托溪乡	1949 年	乡农民协会负责人，即正副主席和委员	刘廷钦：《托溪乡的农民协会》，见中国人民政治协商会议福建省寿宁县委员会编：《寿宁文史资料》，21 页，寿宁，中国人民政治协商会议福建省寿宁县委员会，1999
福建仙游县郊尾镇	1949 年	乡长、农会主席等基层干部	温训新主编：《中华人民共和国福建省仙游县郊尾镇志》，278 页，北京，中国社会科学出版社，2000
江苏苏州	1949 年	正副乡长、正副镇长	《苏州郊区志》编纂委员会：《苏州郊区志》，445 页，上海，上海社会科学院出版社，2003
江苏吴县	1949 年	乡镇行政委员会，即正副乡镇长及委员	吴县地方志编纂委员会：《吴县志》（第 19 卷），上海，上海古籍出版社，1994

续前表

地区	时间	豆选何人何事	资料来源
河南巩义二十里铺村	反霸斗争中	村长、农会主席和农会委员	刘定坤、胡兴业主编：《腾飞之路：中共河南省巩义市二十里铺村简史》，5页，巩义，中共巩义市二十里铺村支部委员会，1996
河南西华县	新中国成立初	村、乡政权	西华县地方史志编纂委员会编：《西华县志》，158页，郑州，中州古籍出版社，1993
河南赊旗镇	解放后	工商业组织负责人（主任代表）	南阳市委党史研究室编：《治宛大考：南阳城镇接管与改造史录》，159～160页，北京，中共党史出版社，1998
河南长葛县	解放初期土改时	整顿农会	长葛县委党史资料征集编纂委员会办公室编：《长葛党史资料》（第1期），53页，长葛，长葛县委党史资料征集编纂委员会，1991
某地某村	解放后	农会委员	林书岭：《生命的见证：回眸曾经的岁月》，72页，北京，中国社会出版社，2006
四川峨眉县	解放初	农会主任、副主任	赵划：《回忆峨眉解放初期征粮剿匪工作》，见峨眉山市政协文史资料工作委员会编：《峨眉文史》（第15辑），139页，峨眉山，峨眉山市政协文史资料工作委员会，1999

续前表

地区	时间	豆选何人何事	资料来源
湖南醴陵县	解放初期	农民代表大会	陈益元：《革命与乡村　建国初期农村基层政权建设研究：1949—1957》，97页，上海，上海社会科学出版社，2006
福建莆田县	民主建政时期	乡政委员会，即正副乡长及委员	莆田县县志编集委员会编：《莆田县志　第2卷政治志（下册）（初稿）》，174～175页，莆田，莆田县县志编集委员会，1966
福建南平	新中国成立前夕或初期	各届人民代表会议的区域代表	卓建武、刘积卫：《南平地区志》（第2册），1518～1519页，北京，方志出版社，2004
广东潮州	解放后	正、副村长	许宏才：《回忆潮饶丰边县人民行政委员会》，见中共潮州市委党史研究室、凤凰山革命纪念公园筹委会编：《凤凰山革命根据地史料汇编》（下），165页，潮州，中共潮州市委党史研究室、凤凰山革命纪念公园筹委会，2003
中南军政委员会所辖榆社县	解放后	县人民大会代表	《代行（人）民代表大会职权的情况和经验》，见中南军政委员会民政部编：《民政工作手册》（第四辑），68～72页，武汉，中南军政委员会民政部，1952
云南峨山富良棚游击根据地	解放前夕	村长、副村长	夏莉娜：《寻访一届全国人大代表李桂英》，载《中国人大》，2008（9）

续前表

地区	时间	豆选何人何事	资料来源
黑龙江省1 433个行政村中部分村	解放初民主建政时期	村人民代表、村政委员	黑龙江省档案馆编：《黑龙江革命历史档案史料丛编——建立政权》，42～46页，哈尔滨，黑龙江省档案馆，1987
黑龙江木兰县119个村	解放初期	村人民代表、村行政委员会及正副主席	木兰县委党史工作办公室编：《木兰县党史资料汇编》，33页，木兰，木兰县委党史工作办公室，1988
北京昌平回龙观、二拨子、三合庄3个村	解放初	农会主任和委员	郭汉文：《昌平农业生产改革发展纪实》，见昌平文史资料委员会编：《昌平文史资料》（第六辑），北京，中国文史出版社，2007
山东莱阳县	新中国成立后	乡镇人民代表	莱阳市民政局民政志编写组编：《莱阳市民政志》，57页，莱阳，莱阳市民政局，1992
河北磁县	解放后	县人大第一届第一次会议的代表	磁县地方志编纂委员会编：《磁县志》，515页，北京，新华出版社，2000
四川铜梁县	解放初	村干部	董照莱：《回忆进军西南及到铜梁后接管旧政权建设新政权工作的概况》，见中国人民政治协商会议铜梁县委员会文史资料委员会编：《铜梁文史资料》（第3辑），16～17页，铜梁，中国人民政治协商会议铜梁县委员会文史资料委员会，1990

续前表

地区	时间	豆选何人何事	资料来源
四川营山县	解放后	第五届、第六届基层选举时选代表	营山县县志编纂委员会编：《营山县志》，493页，营山，营山县县志编纂委员会，1989
山东泗水县	1950年前后	乡人民代表	《泗水县人大志》编写组：《泗水县人大志》，20页，泗水，《泗水县人大志》编写组，1988
河南修武县某区	1950年	各村农代会	中国人民政治协商会议修武县委员会文史资料委员会编：《修武文史资料》（第13辑），8页，修武，中国人民政治协商会议修武县委员会文史资料委员会，1997
上海市南汇县下沙镇	1950年	乡、村领导人	张新根：《下沙镇志》，18页，北京，方志出版社，2004
北京郊区	1950年	农民代表会	汪瑄：《我在土改中的学习》，见陈体强、全慰天、汪瑄等编：《从土改中学习》（增订本），15～19页，北京，新建设杂志社，1950
四川邛崃县城关	1950年	县商民联合会委员	罗国泉：《建国初期邛崃城关工商业概况》，见中国人民政治协商会议邛崃县委员会文史资料研究委员会编：《邛崃文史资料》（第7辑），118页，邛崃，中国人民政治协商会议邛崃县委员会文史资料研究委员会，1993

续前表

地区	时间	豆选何人何事	资料来源
四川川东区涪陵某乡	1950年	村农会委员	游樵：《回忆目睹和参与多次基层选举及对民主的思考》，见吴祚来编：《世纪宝典中华老人诗文书画优秀作品选集》（诗文卷），126页，北京，长城出版社，2000
四川铜梁县	20世纪50年代上半期	第四届县人民代表的农民代表、村干部	铜梁县志编修委员会编：《铜梁县志（1911—1985）》，165～166页，重庆，重庆大学出版，1991
四川兴文县回龙、义合、万寿等乡	1950年	区农会、乡农会、村农会领导	肖启禄：《回忆在乡农民协会工作》，见政协兴文县委员会文史资料研究委员会编：《兴文县文史资料》（第12辑），86～87页，兴文，政协兴文县委员会文史资料研究委员会，1997
四川永川县五间乡太和村	1950年	村农民协会主任	唐继林：《五间乡太和村农会工作片断》，见中国人民政治协商会议四川省永川县委员会文史资料委员会编：《永川文史资料选辑》（第12辑），96～97页，永川，中国人民政治协商会议四川省永川县委员会文史资料委员会，1996

续前表

地区	时间	豆选何人何事	资料来源
四川新都县外西乡高架村	1950年	村农民协会	陈贤德：《参加革命工作的第一步》，见中国人民政治协商会议四川省新都县委员会文史资料研究委员会编：《新都文史》（第3辑），96页，新都，中国人民政治协商会议四川省新都县委员会文史资料研究委员会，1986
四川汶川县龙溪、映秀二乡	1950年	乡农民协会主任及委员	袁永发：《回顾汶川县二区减租退押、清匪反霸工作》，见中国人民政治协商会议汶川县委员会文史资料委员会编：《汶川县文史资料选辑》（第6辑），86～90页，汶川，中国人民政治协商会议汶川县委员会文史资料委员会，1987
山东枣庄车站乡	1950年	乡政府	枣庄市市中区地方史志编纂委员会编：《枣庄市市中区志》，33页，682页，北京，中华书局，1998
湖南乾城县	1950年	街政权、村政权	湖南省吉首市市志编纂委员会编：《吉首市志》，68页，长沙，湖南出版社，1996
湖南武冈县（后改为洞口县）樟潭村	1950	村长	姜元腾：《投豆选村长》，见中国人政治协商会议邵阳市委员会文史资料研究委员会编：《邵阳文史》（第11辑），98～99页，中国人民政治协商会议邵阳市委员会文史资料研究委员会，1989

续前表

地区	时间	豆选何人何事	资料来源
湖南衡山县第7区白沙乡	1950年	乡政府、乡农民协会委员	于建嵘：《乐村政治——转型期中国乡村政治结构的变迁》，224～225页，北京，商务印书馆，2001
湖南青山桥区松柏乡	1950年	乡政府	唐世凡：《投豆选举》，见中国人民政治协商会议湘潭县委员会文史资料研究委员会编：《湘潭县文史》（第6辑），188页，湘潭，中国人民政治协商会议湘潭县委员会文史资料研究委员会，1991
贵州贵阳市12个行政村	1950—1951年	村农协委员会	贵阳市云岩区地方志编纂委员会编：《贵阳市云岩区志》（上册），340页，贵阳，贵州人民出版社，2005
湖北武昌县石咀乡	1951年	代表	http：//www.whdaj.gov.cn/whjf60zl/one/03.asp
青海民和县川口区第二乡	1951年	农民协会委员	http：//www.culturalink.gov.cn/focus/2009-08/31/content_345505.htm
上海市内一个棚户区——金家巷	1951年	居民委员会代表和委员	《1952年上海市街道里弄居民组织工作情况总结——建国初上海社区组织史料选（二）》，载《档案与史学》，2001（6）

续前表

地区	时间	豆选何人何事	资料来源
北京市 1 086 个治保会	1951 年	治保委员	《建立和发展治保会》，见中共北京市委党史研究室编：《社会主义时期中共北京党史纪事》（第一辑），174 页，北京，人民出版社，1994
江西瑞金县律阳乡	1951 年	乡人民代表	中央人民政府内务部江西省工作组：《江西省瑞金县律阳乡的人民代表会议调查报告》，见中南军政委员会民政部编：《民政工作手册》（第四辑），83 页，武汉，中南军政委员会民政部，1952
福建泉州鲤城仁风乡	1951 年	乡政府和农会	吴志谦：《忆土改》，见黄邦杰等编：《泉州鲤城文史资料：土地改革运动专辑》（第 15 辑），23～29 页，泉州，泉州市鲤城区委员会文史资料委员会，1997。
广西南宁	1951 年	居民小组代表	余愚：《记南宁市建立街道居民委员会的试点工作》，见中国人民政治协商会议南宁市委员会文史学习委员会编：《南宁文史资料》（第 13 辑），12～17 页，南宁，中国人民政治协商会议南宁市委员会文史学习委员会，1991

续前表

地区	时间	豆选何人何事	资料来源
中南军政委员会所辖和乐乡	1951年前后	乡政府，即乡长、副乡长、农会主任及各委员	《关于民政部门的工作问题》，见中南军政委员会民政部编：《民政工作手册》（第三辑），253～259页，武汉，中南军政委员会民政部，1951
湖南武冈县扶峰乡	1951年	乡政府	周后平、陈显凡、唐志：《豆选法选出的女乡长肖满淑》，载《档案时空》，2008（11）
云南羌族地区茂县黑虎乡	1952年	乡长、副乡长及委员	李绍明：《变革社会中的人生与学术》，北京，世界图书出版公司，2009
贵州三穗县长吉区	1952年	乡长、副乡长	张贯洲供稿、武炳炎整理：《长吉区各级人民政权的建立》，见中共黔东南州委党史资料征集办公室编：《回顾黔东南解放》（第一辑），241页，黔东南，中共黔东南州委党史资料征集办公室，1987
青海西宁	1952年前后	省总工会委员	赵德琰：《我所亲历的西宁手工业》，见中国人民政治协商会议西宁市城中区委员会文史资料委员会编：《西宁城中文史资料》（第13辑），59页，西宁，中国人民政治协商会议西宁市城中区委员会文史资料委员会，2001

续前表

地区	时间	豆选何人何事	资料来源
安徽合肥三孝口	1952年	居民委员会正副主任及委员	郎早正、郎章正：《合肥首个社居委57年前“豆选”产生》，见 http://news.xinmin.cn/rollnews/2009/12/24/3145212.html
新疆疏勒县昆那克村	1952年	村长	《燃情岁月——走过那座村庄》，见央视网，2005-04-19
甘肃临夏	1953年	人民代表候选人	临夏市地方志编纂委员会编：《临夏市志》，541页，兰州，甘肃人民出版社，1995
河南郾城县各地	1953年	信用社监事会、理事会成员	周跃海：《解放后郾城信用第一社——黄庄信用社》，见中国人民政治协商会议郾城县委员会学习文史委员会编：《郾城文史资料》(第13辑)，54～56页，郾城，中国人民政治协商会议郾城县委员会学习文史委员会，2002
江苏江都县真武区（现为真武镇）	1953年	乡长、副乡长	《食品卫生标准及相关法规汇编》(下)，400～401页，北京，中国标准出版社，2005
河北廊坊市胜芳镇	1953—1954年	正副乡长、乡政府委员、县市代表	廊坊市志编修委员会：《廊坊市志》，1178页，北京，方志出版社，2001
福建南平县全县118个乡镇	1953—1954年	乡镇人民代表大会代表	廖云泉等：《南平市志》，1085页，北京，中华书局，1994

续前表

地区	时间	豆选何人何事	资料来源
江西都昌县	1953—1954年	乡人民代表	吴威震：《都昌首届普选粗略回忆》，见邵天柱、冯上进主编，政协江西省都昌县委员会学习文史委编：《都昌县文史资料》（第5辑），82～85页，都昌，政协江西省都昌县委员会学习文史委，2000
安徽六安县全境共2963个选区	1953—1954年	乡（镇）人民代表大会代表	《六安县志》编纂委员会：《六安县志》，454页，合肥，黄山书社，1993
安徽阜南县	1954年	乡镇代表	阜南县地方志编纂委员会编：《阜南县志》，371页，合肥，黄山书社，1997
安徽阜阳县	1953年、1957年、1958年	基层选举	阜阳市地方志编纂委员会编：《阜阳地区志》，787页，北京，方志出版社，1996
西藏乃东县昌珠镇凯松村	1959年	农民协会主任	《"西藏民主第一村"的新一代：我们勇敢向前》，见新华网，2009-02-01
四川省荣昌县昌元镇	人民公社时期	人民代表	周忠华：《走进朱家桥村》，载《公民导刊》，1999（10）
四川内江某生产大队	人民公社后期	表决公共食堂的存废	沈杰：《觅芳巴山蜀水笔耕四十余载》，见《情系大西南》编委会编：《情系大西南》，270页，成都，四川民族出版社，1992

续前表

地区	时间	豆选何人何事	资料来源
宁夏回族自治区	1963 年	自治区人大代表	《1963 年全区基层选举和宁夏回族自治区第二届人民代表大会代表的产生》，见王云岳编：《宁夏人大概要（1949—1979）》，61～63 页，银川，宁夏人民出版社，1992
湖北襄阳县刘集公社	1965 年	贫下中农协会委员	bbs. hj. cn/redirect. php? tid = 51273&goto=lastpost
陕西延安市宝塔区桥沟镇杨家岭村	1979 年	生产队队长	唐晓芳：《漫漫红色之旅　追寻普法足迹》，见 http://www. legalinfo. gov. cn/zt/2005-09/30/content _ 228631. htm
安徽歙县	1980 年	县人大代表	歙县地方志编纂委员会：《歙县志》，435～436 页，北京，中华书局，1995
陕西榆林市米脂县高西沟村	1987 年	村领导	姬晓东：《米脂高西沟村“退耕还林”五十年启示录》，见 http://2006. xyl. gov. cn/news/file _ detail/2005-7-9/2005791008068152. htm
湖北保康县过渡湾镇二堂村	2004 年	扶贫项目	《保康财政扶贫项目实行百姓“豆选”制》，见 http://www. xfdjw. gov. cn/view. asp? id=2131
湖北宝康县黄堡镇大坪村	2006 年	扶贫项目	陈治国：《村民“豆选”新农村建设项目》，载《乡镇论坛》，2006（7）

续前表

地区	时间	豆选何人何事	资料来源
湖北竹溪县天宝乡杨家坪	2007年	扶贫项目	本清：《村民“豆选”扶贫建设项目》，载《乡镇论坛》，2008 (7)
甘肃泾川县红河乡田赵村	2006年	扶贫项目	史春荣、史伟：《泾川：村民合力修大桥》，见 http://pl.gansudaily.com.cn/system/2007/03/14/010286371.shtml
甘肃某县黑池殿等五个村	2007年前后	扶贫项目实施小组组长	曲玮、李树基：《新时期农村扶贫开发方式与方法：甘肃省“整村推进”研究》，123页，兰州，兰州大学出版社，2007
湖北郧县核桃树垭村	2007年前后	扶贫项目	曹相勇、贺林峰：《西王村解决百年饮水困难，实现两个跨越》，见 http://www.syf-pb.gov.cn/ReadNews.asp?NewsID=1696

注：这个表只反映了我们写作本书时所见的资料，它不是一个穷尽豆选实例的清单。希望它为有兴趣研究这个题目的学者提供一些线索，也希望后来者对它进行更正、补充。

图书在版编目（CIP）数据

豆选/牛铭实，米有录著．—北京：中国人民大学出版社，2014.7
ISBN 978-7-300-19501-8

Ⅰ.①豆… Ⅱ.①牛… ②米… Ⅲ.①选举制度—研究 Ⅳ.①D034.4

中国版本图书馆 CIP 数据核字（2014）第 134190 号

豆选
牛铭实　米有录　著
Douxuan

出版发行	中国人民大学出版社		
社　　址	北京中关村大街 31 号	**邮政编码**	100080
电　　话	010－62511242（总编室）		010－62511770（质管部）
	010－82501766（邮购部）		010－62514148（门市部）
	010－62515195（发行公司）		010－62515275（盗版举报）
网　　址	http://www.crup.com.cn		
经　　销	新华书店		
印　　刷	涿州市星河印刷有限公司		
规　　格	148 mm×210 mm　32 开本	**版　　次**	2014 年 8 月第 1 版
印　　张	7.75 插页 2	**印　　次**	2023 年 4 月第 3 次印刷
字　　数	158 000	**定　　价**	78.00 元